THINK
예비목자양육 I

인사말

섬기는 그 한 사람

'THINK 양육'은 지식을 쌓기 위한 성경 공부가 아니라 자신의 가치관을 바꾸는 훈련입니다. THINK 양육의 핵심은 '구속사로 성경을 읽어가는 큐티'를 배우는 데 있습니다. 큐티는 생각하는 훈련입니다. 주님을 알기 전에 우리는 자기중심적인 생각을 합니다. 사건마다, 사람마다 자기 입장에서 생각하기에 다른 사람을 이해하지 못하고, 원망과 불평의 올무에 갇히기 쉽습니다. 그러나 주님은 나 한 사람의 구원을 위해 이 세상의 모든 환경을 움직이셨을 뿐만 아니라 오랜 시간 기다려 주시고 자신의 생명까지 내어 주셨습니다. 이런 주님을 만나게 된 사람은 매 순간 '예수님이라면 나와 같은 상황에서 어떻게 하셨을까?' 하고 생각하게 됩니다.

'생각'(think)을 잘못하면 '가라앉게'(sink) 되고, '탱크'(tank)처럼 자기 열심으로 밀어붙이게 됩니다. 내 생각에 치우치지 않고 예수님처럼 생각하려면 말씀으로 오신 주님을 만나야 합니다. 큐티는 말씀 묵상을 통해 내 생각과 욕심을 가지치기하는 훈련입니다. 성경을 구속사적인 관점으로 보면서 아브라함을 비롯한 수많은 믿음의 조상들의 삶에 자신을 투영시켜 조명하는 것입니다. 그러면서 자신의 죄를 발견하고 주님의 은혜 없이는 살 수 없는 존재임을 깨달으며, 매일 새롭게 거룩한 사람으로 빚어 가는 신앙 훈련입니다. '생각'(think)을 바르게 하면, 어떤 환경에서도 '감사'(thank)가 나오고, 큐티의 궁극적인 목적인 영혼 구원의 사명을 발견하는 데까지 이르게 됩니다.

   이렇게 말씀 앞에 겸손히 자신을 직면하고 하나님의 주권을 인정하면 나의 구원을 위해 어떤 것도 버릴 것이 없음을 깨닫게 됩니다. 말씀 안에서 '나'와 다른 '너'를 이해하고 받아들이며, 상대방의 사건을 주님의 마음으로 깊이 체휼하고, 십자가 지는 사랑으로 나아가게 됩니다. 이렇게 영혼 구원을 목적으로 이타적인 삶을 소망하는 사람들이 모인 공동체는 은혜와 구원의 통로로 쓰임 받게 됩니다.

   THINK 양육은 각 과마다 'THINK'의 원리로 진행됩니다.

첫 번째 단계는 '마음 열기'(Telling, 텔링)입니다.
   THINK의 첫 시작, 마음 열기는 예수님을 초청하는 시간입니다. 내 삶이 예수님과 어떤 연관이 있는지 생각해 보면서 마음 문을 열어 봅니다. 예수님은 의인을 찾으러 오신 것이 아니라 죄인을 부르려고 오셨습니다. 예수님을 초청한다는 것은 내 죄를 고백하는 것이기도 합니다. 그리고 주일/수요 설교 말씀을 되새기면서 나를 찾아오신 주님께 마음을 열고 내 생각을 말합니다.

두 번째 단계는 '말씀 읽기'(Holifying, 홀리파잉)입니다.
   우리는 스스로 거룩해질 수 없습니다. 오직 말씀이신 예수님(요1:14)을 만나야만 삶이 거룩해집니다. 매주 주제 큐티 말씀을 묵상할 때, 본문 말씀이 나를 읽고 지나갈 수 있도록 성령의 감동을 구해야 합니다(딤후 3:16). 특별히 예비목자양육 과정에서는 구속사적 교리를 더 깊이 다루려고 합니다. 매 과의 주제와 관련한 성경 본문을 더 찾아 묵상하고,

해당 질문에 답하면서 좀 더 포괄적이고, 깊이 있는 묵상으로 인도합니다.

세 번째 단계는 '해석하기'(Interpreting, 인터프리팅)입니다.

우리는 예수님을 영접해도 각자 살아온 방식이 있어서 자기 생각으로 예수님을 만나려고 합니다. 그러나 내 생각에 예수님의 생각을 맞추는 것이 아니라 내 생각을 내려놓고 나를 만나 주신 예수님의 생각을 알아가야 합니다. 그래야 말씀을 구속사로 해석할 수 있습니다. 말씀을 구속사로 해석하는 것은 옳고 그름을 논하는 것이 아니라 하나님의 관점, 곧 구원의 관점으로 성경을 보는 것입니다. 매 과의 '해석하기'는 성경을 구속사적인 관점으로 보고 생각하는 데 큰 도움이 될 것입니다.

네 번째 단계는 '돌아보기'(Nursing, 널싱)입니다.

말씀으로 수님을 만나고 하나님의 관점으로 해석한 다음에는 스스로 말씀을 깨닫는 훈련을 해야 합니다. 주제 도서를 읽고 독후감을 쓰는 동안 매 과의 주제가 좀 더 명확해집니다. 깨달은 말씀에 비추어 자신을 돌아보고, 지체와 공동체를 돌아보게 됩니다. 내가 먼저 양육이 되면 손과 발, 시간과 물질이 가는 '적용'을 하게 되고, 다른 사람을 돌보며 공동체를 섬기는 데까지 나아가게 됩니다.

마지막 단계는 '살아내기'(Keeping, 키핑)입니다.

깨달은 말씀을 마음에 새기고 실제적인 삶을 살아낼 때, 자신과 가정, 공동체를 지킬 수 있습니다. 일주일간 『큐티인(QTin)』(큐티엠 발행 격월간 QT묵상지)을 활용하여 큐티하고, 매주 주제에 맞는 생활 숙제를 하면서 삶의 변화를 경험하게 됩니다. 이렇게 날마다 큐티를 하면서 말씀으로 살아가고, 말씀을 지키는 삶이야말로 가정과 공동체를 중수하는 삶입니다.

  특별히 THINK 예비목자양육은 교회 공동체의 소그룹 리더(목장의 목자)를 배출하는 과정입니다. 목자는 소그룹 모임을 인도하면서 소속 성도를 세심하게 관찰하고, 그들의 영적 질서 회복과 유지를 위해 모든 봉사와 섬김을 감당하게 됩니다. 목자는 교회의 목회 원리를 성도 한 사람 한 사람에게 전달하고 그 원리를 따라 목회자를 도와 교회를 섬기는 매우 중요한 직분입니다. 이처럼 중요한 목자의 직분은 함부로 임명할 수도, 임명받을 수도 없습니다. 따라서 목자로 부름을 받기 위해서는 무척 까다로운 조건을 요구합니다.

  소그룹에서 부목자의 역할을 충실히 수행한 성도 중에서, 목자의 추천과 사역자의 판단에 따라 일정 인원을 선발해 예비목자양육을 실시합니다. 예비목자양육은 두 단계로 구성된 10주 과정으로, 목자가 되려면 총 20주간의 모든 과정을 이수해야 합니다. 모든 단계에 목장 인도를 위한 워크숍이 포함되어 있으며, 예비목자양육 I 을 마친 성도 가운데 일부가 목자로 임명되고, 하나님 나라를 확장하는 사명을 감당하게 됩니다.

  끝으로, 자기 생각이 넘쳐나는 이 시대에 'THINK 예비목자양육'을 통해 내 생각을 버리고 예수님의 생각을 구하며 그분의 뜻에 따라 최소한의 순종을 할 수 있는 은혜가 임하기를 간구합니다. 무너진 영적 질서가 바로 세워지고 관계가 회복되며, 자신과 가정, 공동체를 중수하는 여러분이 되시기를 주님의 이름으로 축원합니다.

큐티엠 대표

김양재

THINK 양육 개관

THINK 기초양육 (8주)
기독교의 기본 교리를 배우는 과정으로, 세례 교육 과정을 포함합니다. 세례를 받기 위해서는 이 과정을 반드시 수료해야 하며, THINK 양육을 받기 전에 기초를 다지게 됩니다. 매주 8주 과정이 쉬지 않고 순환하여 진행되므로 언제든 양육을 시작할 수 있습니다.

THINK 양육 (10주)
교회 등록 후 3개월이 지난 세례 교인이 소그룹 리더(소속 목장의 목자)의 추천을 받아 신청합니다. 10주 과정으로 1년에 두 차례 모집합니다(모집 방법은 각 교회 방침에 따름). 양육자와 1-3명의 동반자로 구성되며, 성경 지식을 가르치고 배우는 것이 아니라 서로의 삶을 나누고 예수 그리스도를 본받는 훈련입니다. 신앙고백으로 시작해 하나님, 예수님, 성령님에 대해 묵상하고 나누며, 그리스도인의 삶에 대해 실제적으로 배우면서 자기 자신에 대해 알게 됩니다. 이를 통해 큐티와 기도생활, 예배생활이 자연스럽게 삶에 녹아들 것입니다.

THINK 양육교사 (10주)
THINK 양육을 수료한 성도가 다시 양육자로 섬기기 위해 거쳐야 하는 심화 과정입니다. 담당 사역자로부터 동반자를 섬기며 나눔을 인도하는 방법을 훈련받습니다. 교재와 과제물은 THINK 양육과 동일하며, 수료 후에 THINK 양육교사로 섬기게 됩니다. 이기적인 신앙에서 벗어나 영적 리더십을 배우면서 지경이 넓어지며, 자신의 상처와 죄를 깊이 드러냄으로써 영적 갈등의 치유와 회복을 경험하게 됩니다.

THINK 예비목자양육 I·II (총 20주)
리더를 세우기 위한 과정으로, 소그룹(목장)의 목자와 부목자가 목원들을 효과적으로 섬기기 위해 양육되는 과정입니다. THINK 예비목자양육은 두 단계로 나뉘는데, 목자로 섬기게 될 사람은 20주간의 예비목자양육 I·II 과정을 모두 이수해야 합니다. 예비목자양육 I을 마친 성도 가운데 일부가 목자로 부름을 받고, 목자로 세워지면 예비목자양육 II 과정을 수료하게 됩니다. 이로써 하나님 나라를 확장하는 사명을 감당하게 됩니다.

THINK 중보기도 (4주)
THINK 중보기도는 기복(祈福)을 넘어선 팔복(八福)의 기도를 배우는 시간으로, 소그룹 리더의 추천을 받고 세례를 받은 분이라면 참여 가능합니다. 나만을 위해, 가족만을 위해 드렸던 기도의 울타리를 넘어서서 넓게 펼쳐볼 수 있습니다. THINK 중보기도를 통해 중보기도 파수꾼으로 섬길 자격을 얻게 되며, 누군가를 위해 중보기도하는 '기도의 사람'으로 거듭날 것입니다.

THINK 예비목자양육 지침

1. THINK 예비목자양육은 공동체 소그룹(목장)에 소속된 부목자 중에서 목자와 사역자 추천으로 선정합니다(양육을 진행하는 사역자는 '양육자', 양육을 받는 사람은 '동반자'라는 명칭 사용).

2. THINK 예비목자양육은 각 목장의 목자와 부목자가 목원들을 효과적으로 섬기기 위해 필요한 양육 과정입니다. 예비목자양육은 두 단계로 각각 10주간 진행되며, 예비목자양육Ⅰ을 마친 부목자 가운데 일부가 목자로 부름을 받고, 목자로 세워지면 예비목자양육Ⅱ 과정을 수료함으로써 총 20주간의 모든 과정을 이수하게 됩니다. 성경 본문을 묵상하고 삶에 적용한 큐티, 믿음생활을 실천하고 그 결과를 기록한 생활 숙제, 다양한 주제 도서를 읽고 자신의 직간접 체험을 기록한 독후감, 주일예배와 수요예배의 설교 말씀 요약, 매일 큐티, 성구 암송 등 높은 집중력을 요구하는 양육 과정입니다. 또한 단계마다 목장 인도를 위한 워크숍이 포함되어 있습니다.

3. 교재를 미리 읽고, 관련 성경 본문(주제 본문)을 충분히 묵상한 뒤 양육에 참여하십시오. 말씀 앞에 겸손히 자신을 직면하고 하나님의 주권을 인정하는 만큼 내 인생을 말씀으로 해석할 수 있습니다.

4. 큐티는 하나의 프로그램이 아니라 날마다 해야 하는 삶의 과정입니다. 양육 기간에는 큐티와 기도 생활, 생활 예배를 결단하고 습관화해야 합니다. 하루의 시작뿐 아니라 모든 시작과 끝에 말씀 묵상이 있어야 합니다. 지식을 얻기 위함이 아니라 내게 약속하신 말씀이 이루어지는 THINK 예비목자양육이 되기를 기도하십시오.

5. 양육 기간 중에 그동안 미처 몰랐던 개인의 문제가 드러날 수 있습니다. 문제가

있는 것이 문제가 아니라 오히려 문제가 없는 것이 문제입니다. 숨겨진 문제가 드러나는 것은 하나님이 일하시기 시작하셨다는 뜻이므로 자신의 연약함을 감추려 하지 말고 진솔하게 나누기 바랍니다. 주님이 말씀하시는 어떤 말씀도 겸손하게 받아들일 수 있도록 기도하고, 사역자에게도 기도 요청을 하기 바랍니다.

6. 항상 시간을 엄수하기 바랍니다. 시간의 주인은 주님이십니다. 시간을 소홀히 여기는 것은 주님을 경홀히 여기는 것과 같습니다.

7. 양육 중에는 말씀 나눔 외에 다른 어떤 것에도 마음을 빼앗기지 않도록 주의해야 합니다. 휴대폰은 꺼 두거나 진동으로 해 두고 양육에 집중해 주십시오.

8. THINK 예비목자양육의 일차적 목적은 영혼 구원입니다. 주님은 구원을 위해 뱀같이 지혜롭고 비둘기같이 순결하라고 가르치셨습니다. 의도가 순수해도 지혜롭지 못하면 갈등을 불러일으키고 사소한 것에 상처받을 수 있습니다. 양육자는 기본적으로 동반자의 입장을 공감하며 존중하는 태도가 필요합니다. 일방적으로 가르치는 태도는 동반자에게 정죄감을 불러일으킬 수 있습니다. 자신의 죄를 드러내는 오픈은 하나님 앞에서 하는 것이므로 강요해서는 안 됩니다. 동반자의 믿음 수준에 따라 마음이 열릴 때까지 기다려 주는 것이 필요합니다. 또한 THINK 예비목자양육에서 알게 된 서로에 대한 깊은 나눔은 철저히 비밀을 유지해야 합니다. 그럼에도 실수할 수 있습니다. 그러나 진정한 사랑에는 두려움이 없듯이 상대방에 대한 진정한 관심과 구원에 대한 애통함이 있다면, 하나님께서 우리의 부족과 약함을 선으로 바꾸실 것입니다.

차례

인사말 • 2

THINK 양육 개관 • 6

THINK 예비목자양육 지침 • 8

01 성경: 내 안에 뚫고 들어온 말씀(계 5:1-7) • 14

02 삼위일체 하나님: 나를 도우시는 창조 사역(창 1:1-2) • 32

03 인간의 타락과 그 결과: 100% 죄인인 인간(롬 3:9-20) • 50

04 나를 살리는 회개: 죄 고백(삼하 12:13-31) • 68

05 율법과 은혜: 율법이 죄인가(롬 7:7-16) • 86

06 보혜사 성령: 결국은 승리합니다(롬 8:31-39) • 102

07 제자도: 팔복을 누리는 삶(마 5:3-10) • 118

08 영혼 구원: 구원의 사명(롬 9:1-13) • 138

09 교회론: 사명 공동체(롬 15:1-13) • 156

10 종말론: 그런즉 깨어 있으라(마 24:1-14) • 170

과제물 작성 요령 및 샘플 • 187

과제물 점검표 '하나님 앞에서' • 201

THINK 예비목자양육Ⅰ 과제물 • 202

성구 암송 • 203

※ 일부 주제 큐티 예시 필자의 이름은 본인의 요청으로 필명을 사용했음을 밝힙니다.

성경은 오직 예수 그리스도만이 유일한 구세주이심을 확실히 증거하고 있습니다.
그럼에도 예수님을 믿지 않는 것은 죄입니다.

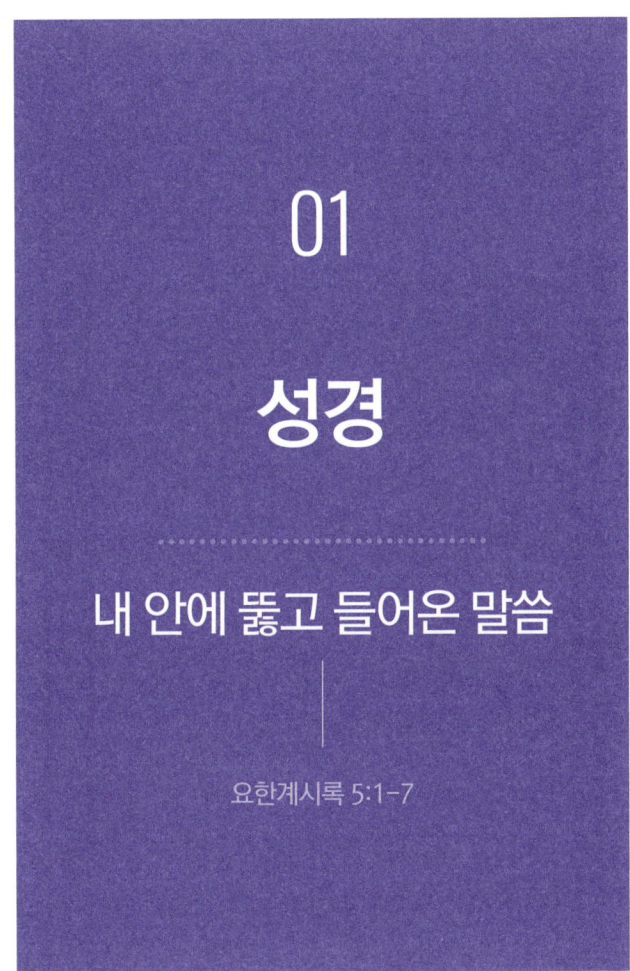

01 | 성경
내 안에 뚫고 들어온 말씀 요한계시록 5:1-7

마음 열기 Telling
마음을 열고 생각을
나누는 시간

- 가장 좋아하는 성경 말씀은 무엇이고, 그 말씀을 좋아하는 이유는 무엇입니까?
- 주일/수요 설교를 듣고 느낀 점을 나눠 봅시다.

말씀 읽기 Holifying
깊은 묵상을 위한 질문과 답

1. 살아 있고 활력 있는 말씀 히브리서 4:10-13

10 이미 그의 안식에 들어간 자는 하나님이 자기의 일을 쉬심과 같이 그도 자기의 일을 쉬느니라 11 그러므로 우리가 저 안식에 들어가기를 힘쓸지니 이는 누구든지 저 순종하지 아니하는 본에 빠지지 않게 하려 함이라 12 하나님의 말씀은 살아 있고 활력이 있어 좌우에 날선 어떤 검보다도 예리하여 혼과 영과 및 관절과 골수를 찔러 쪼개기까지 하며 또 마음의 생각과 뜻을 판단하나니 13 지으신 것이 하나도 그 앞에 나타나지 않음이 없고 우리의 결산을 받으실 이의 눈앞에 만물이 벌거벗은 것같이 드러나느니라

1) 왜 "안식에 들어가기를 힘쓰라"는 명령 직후에 '하나님의 말씀'을 언급합니까? (11-12절)

___

___

___

2) 말씀이 내 마음의 생각과 뜻을 판단해 내 모습이 벌거벗은 것같이 하나님 앞에 드러난 경험이 있습니까? (13절)

___

___

___

2. 성경의 기록 목적 요한복음 20:30-31

30 예수께서 제자들 앞에서 이 책에 기록되지 아니한 다른 표적도 많이 행하셨으나 31 오직 이것을 기록함은 너희로 예수께서 하나님의 아들 그리스도이심을 믿게 하려 함이요 또 너희로 믿고 그 이름을 힘입어 생명을 얻게 하려함이니라

- 성경이 기록된 근본적인 이유는 무엇입니까? (31절)

🌱 오늘 내가 감사드려야 할 '표적'(30절)을 구체적으로 기록해 봅시다. 그리고 그 기록이 오직 '예수의 생명'(31절)으로 이어질 수 있도록 기도하십시오.

3. 성경의 역할 디모데후서 3:16-17

16 모든 성경은 하나님의 감동으로 된 것으로 교훈과 책망과 바르게 함과 의로 교육하기에 유익하니 17 이는 하나님의 사람으로 온전하게 하며 모든 선한 일을 행할 능력을 갖추게 하려 함이라

- 성경은 우리를 위로합니까? 책망합니까? (16절)

🌱 성경을 읽으면서 책망 받기를 즐겨합니까? 위로 받기만 좋아합니까?

4. 성경을 이루시는 예수님 마태복음 26:47-56

47 말씀하실 때에 열둘 중의 하나인 유다가 왔는데 대제사장들과 백성의 장로들에게서 파송된 큰 무리가 칼과 몽치를 가지고 그와 함께하였더라 48 예수를 파는 자가 그들에게 군호를 짜 이르되 내가 입 맞추는 자가 그이니 그를 잡으라 한지라 49 곧 예수께 나아와 랍비여 안녕하시옵니까 하고 입을 맞추니 50 예수께서 이르시되 친구여 네가 무엇을 하려고 왔는지 행하라 하신대 이에 그들이 나아와 예수께 손을 대어 잡는지라 51 예수와 함께 있던 자 중의 하나가 손을 펴 칼을 빼어 대제사장의 종을 쳐 그 귀를 떨어뜨리니 52 이에 예수께서 이르시되 네 칼을 도로 칼집에 꽂으라 칼을 가지는 자는 다 칼로 망하느니라 53 너는 내가 내 아버지께 구하여 지금 열두 군단 더 되는 천사를 보내시게 할 수 없는 줄로 아느냐 54 내가 만일 그렇게 하면 이런 일이 있으리라 한 성경이 어떻게 이루어지겠느냐 하시더라 55 그때에 예수께서 무리에게 말씀하시되 너희가 강도를 잡는 것같이 칼과 몽치를 가지고 나를 잡으러 나왔느냐 내가 날마다 성전에 앉아 가르쳤으되 너희가 나를 잡지 아니하였도다 56 그러나 이렇게 된 것은 다 선지자들의 글을 이루려 함이니라 하시더라 이에 제자들이 다 예수를 버리고 도망하니라

1) 예수님은 유다의 배반에 어떻게 반응하십니까? (47-50절)

_____

_____

_____

2) 예수님은 왜 제자(베드로, 요 18:10-11)에게 칼을 도로 칼집에 꽂으라고 하십니까? (52-56절)

___

___

___

5. 말씀을 먹으라 에스겔 2:8-10, 3:3-4

8너 인자야 내가 네게 이르는 말을 듣고 그 패역한 족속같이 패역하지 말고 네 입을 벌리고 내가 네게 주는 것을 먹으라 하시기로 9내가 보니 보라 한 손이 나를 향하여 펴시고 보라 그 안에 두루마리 책이 있더라 10그가 그것을 내 앞에 펴시니 그 안팎에 글이 있는데 그 위에 애가와 애곡과 재앙의 말이 기록되었더라 … 3내게 이르시되 인자야 내가 네게 주는 이 두루마리를 네 배에 넣으며 네 창자에 채우라 하시기에 내가 먹으니 그것이 내 입에서 달기가 꿀 같더라 4그가 또 내게 이르시되 인자야 이스라엘 족속에게 가서 내 말로 그들에게 고하라

- 왜 성경책에는 애가와 애곡과 재앙의 말이 기록되어 있습니까? 어떻게 하면 슬픈 성경책이 꿀송이처럼 달아집니까? (2장 10절, 3장 3절)

___

___

___

🌱 애가와 애곡과 재앙의 말이 꿀처럼 달게 느껴집니까?

6. 말씀 묵상으로 변화되는 삶 로마서 2:13

13 하나님 앞에서는 율법을 듣는 자가 의인이 아니요 오직 율법을 행하는 자라야 의롭다 하심을 얻으리니

- 왜 율법을 행해야만 의롭다 하십니까? (13절)

_____

_____

_____

주제 본문
요한계시록 5:1-7

1내가 보매 보좌에 앉으신 이의 오른손에 두루마리가 있으니 안팎으로 썼고 일곱 인으로 봉하였더라 2또 보매 힘 있는 천사가 큰 음성으로 외치기를 누가 그 두루마리를 펴며 그 인을 떼기에 합당하냐 하나 3하늘 위에나 땅 위에나 땅 아래에 능히 그 두루마리를 펴거나 보거나 할 자가 없더라 4그 두루마리를 펴거나 보거나 하기에 합당한 자가 보이지 아니하기로 내가 크게 울었더니 5장로 중의 한 사람이 내게 말하되 울지 말라 유대 지파의 사자 다윗의 뿌리가 이겼으니 그 두루마리와 그 일곱 인을 떼시리라 하더라 6내가 또 보니 보좌와 네 생물과 장로들 사이에 한 어린양이 서 있는데 일찍이 죽임을 당한 것 같더라 그에게 일곱 뿔과 일곱 눈이 있으니 이 눈들은 온 땅에 보내심을 받은 하나님의 일곱 영이더라 7그 어린양이 나아와서 보좌에 앉으신 이의 오른손에서 두루마리를 취하시니라

해석하기 Interpreting

구속사로 생각하기

1. 오류가 없는 완전무결한 하나님의 말씀입니다.

성경은 성령의 감동을 받은 40명의 저자에 의해 1600년간에 걸쳐 기록된 책입니다. 여호와의 책, 하나님의 선한 말씀, 그리스도의 말씀, 생명의 말씀 등 그 명칭도 다양하지만, 내용은 서로 상치되거나 모순되는 점 없이 통일을 이루고 있습니다. 성경은 인간 스스로 구원에 이를 수 없으며, 오직 예수 그리스도만이 유일한 구세주이심을 확실히 증거하고 있습니다. 그럼에도 예수님을 믿지 않는 것은 죄입니다. 단순히 예수님을 믿지 않는 것은 부도덕한 일, 지적인 실수가 아니라 하나님을 대적하는 행위인 것입니다.

2. 성경은 비밀의 책입니다(1절).

교회의 모든 계획과 목적, 세계 역사와 인류의 운명까지 다 기록된 성경은 일곱 인으로 봉해져 있고, 하나님이 보여 주시기 전에는 그 누구도 알 수 없습니다. 심판이 이루어지는 것만큼 구원이 이루어져 믿음의 분량대로만 깨달아지기 때문입니다. 팍스 로마나 시대에 로마가 강성할 때, 교회는 초라하고 그리스도인들은 멸시와 핍박을 받는 환경에서 하나님이 특단의 조치로 소망을 주십니다. 로마의 도덕과 윤리는 타락할 대로 타락했고, 하나님은 이런 로마를 반드시 망하게 하시려고 재앙으로 찾아오신다는 것입니다. 그러나 성경은 모두가 다 알아보게 썼지만, 세상에 속한 사람에게는 비밀의 책입니다.

3. 비밀의 책을 열기 위해서는 울어야 합니다(2-4절).

크게 우는 것밖에 길이 없습니다. 학벌과 지성과 이성이 다 모여도 인을 떼는 게 아닙니다. 구원 받을 이스라엘 입장에서 보면 성경이 꿀송이 같은 책이지만, 로마 입장에서는 애곡과 재앙의 글이며 교훈과 의로 책망하는 내용입니다. 세계 곳곳의 홍수, 지진, 쿠데타, 전쟁을 보면서 세상의 멸망을 위해 일곱 인으로 봉한 책이 하나님의 오른손에 있다는 것을 깨달아야 합니다. 그런데 사도 요한은 이 책을 읽게 하고, 알게 하고, 깨닫게 해 줄 자가 없어 크게 울었습니다(4절). 이 땅에서는 구원을 위해 새 하늘과 새 땅에서 씻겨 줄 눈물이 있는 인생을 살아야 합니다.

4. 비밀의 책을 여는 분은 오직 예수 그리스도뿐입니다(5-7절).

그리스도는 유대 지파의 사자, 다윗의 뿌리이시며 이기는 자, 승리자이십니다. 그런데 하나님의 말씀인 성경을 열기 위해 희생제물로서 죽임당한 어린양의 모습으로 나타나십니다(6절). 사자의 신분임에도 어린양으로서 중보자로 서 계십니다. 희생의 십자가만이 능력이 된다는 뜻입니다. 심판할 자에게는 사자같이 대하시고, 구속(救贖)한 성도에게는 어린양의 모습으로 나아가시는 주님에게 일곱 뿔과 일곱 눈의 통찰력이 있습니다. 이렇듯 완전한 능력과 지혜가 있는 그리스도의 손에 비밀의 책을 영원히 넘겨주십니다.

주제 본문 큐티 예시
요한계시록 5:1-7

내가 취한 두루마리

김영순

본문 요약
사도 요한이 일곱 인으로 봉한 두루마리의 인을 떼기에 합당한 자가 없어 울 때, 장로 중 한 사람이 유대 지파의 사자 다윗의 뿌리가 그 인을 뗄 것이라고 말합니다. 그리고 일곱 뿔과 일곱 눈을 가진 어린양이 나아와 보좌에 앉으신 이의 오른손에서 두루마리를 취합니다.

질문하기
1. 왜 요한은 일곱 인으로 봉한 두루마리를 보고 크게 울었을까? (4절)
2. 왜 일찍 죽임을 당한 것 같은 어린양이 두루마리를 취했을까? (7절)

묵상하기
1. 왜 요한은 일곱 인으로 봉한 두루마리를 보고 크게 울었을까? (4절)
두루마리는 성경책을 의미합니다. 일곱은 계시의 완전성과 비밀성을 상징하며, 성경은 각자 믿음의 분량대로 깨닫기 때문에 아직 깨닫지 못한 부분은 인봉되어 있는 비밀의 책입니다. 요한이 크게 운 것은 자신을 비롯한 이 땅 모든 사람이 말씀을 들어도 깨닫지 못하고, 해석해 주는 사람도 없이 말씀을 인봉한 채 살아가는 게 안타까워서였습니다.

저는 주일에 교회에 다녀오면 성경을 잘 보관해 두었다가 다음 주일에나 꺼낼 정도로 성경을 인봉해 놓고 살았습니다(1절). 그러다 1년 여 고열에 시달리면서 인생의 연약함을 깨닫고 하나님을 영접했습니다. 그때도 성경보다는 신앙 서적을 읽으며 책을 쓴 저자의 믿음을 내 믿음인 양 착각하며 성경 말씀에는 별 관심이 없었습니다. 그러다 장로님이셨던 친정아버지의 바람 사건으로 교회에서 내침을 당하고, 재산도 명예도 직분도 다 잃는 재앙이 왔습니다. 그런데 그때도 저는 그 일을 드러내신 하나님을 원망하고, 아버지를 수치스러워만 하며 여전히 성경 읽을 생각은 안 했습니다. 그러면서 하나님을 열심히 믿었는데 왜 이런 일이 왔는지 이해할 수 없다고 울고, 누구에게도 그 일을 얘기할 수 없다는 외로움에 울고, 하나님이 나를 버리신 것 같은 시리움에 눈이 짓무르도록 울고 또 울었습니다.

그런데 하나님은 그렇게 영육이 바닥까지 내려가 수치와 원망의 눈물을 흘리던 저를 찾아오셔서 말씀 묵상을 하게 하셨습니다. 그리고 그동안 인봉했던 말씀들을 아주 조금씩 열어 주셨습니다. 그래서 이제는 이 땅에서 심판 받고 천국 가는 것이 더 축복이라는 말씀이 깨달아져서 웁니다. 예수 믿는 목적이 행복이 아니라 거룩이라는 구속사의 말씀이 깨달아져서 울고, 말씀으로 내 죄를 깨닫게 하시는 은혜가 감사해 울고 또 웁니다.

1. 왜 일찍 죽임을 당한 것 같은 어린양이 두루마리를 취했을까? (7절)
예수님은 우리 죄를 대속하시기 위해 십자가에서 죽임당한 어린양이 되셨습니다. 예수님은 죽음에 이르는 순종으로 두루마리를 취하셨고, 일곱 뿔과 일곱 눈의 권세와 통찰력을 얻으셨습니다(6-7절). 우리도 누군가의 구원을 위해 십자가를 지고 죽고자 하면 이렇게 영적 통찰력이 생기고, 말씀이 해석되는 두루마리를 취하게 됩니다.

저는 친정아버지 사건이 너무 수치스러워 그 일을 아무에게도 말하지 않고 무덤까지 가져가려 했습니다. 아버지 사건을 그렇게 드러내신 하나님에 대한 원망이 날이 갈수록 커졌지만, 그 또한 묻어둔 채 아무 일 없는 것처럼 교회를 다녔습니다.

그러던 어느 날 '예수 믿는 목적은 행복이 아니라 거룩'이라는 말씀이 나팔 소리처럼 들렸습니다. 그리고 그동안 제가 세상에서 복을 받고 행복해지기 위해 예수를 믿었고, 그 행복이 사라지니 그렇게 혼란스러웠다는 것을 깨달았습니다. 하나님의 사랑은 죄를 감춰 주시는 것이 아니라 수치를 당하더라도 드러내서서 이 땅에서 심판을 받고 천국 가게 하는 것임을 알게 되었습니다. 죄 사함 받고 거룩해지는 것이 그리스도인의 참 행복임을 깨달은 것입니다. 그래서 죽을 것같이 힘들었지만, 그 수치를 공동체에 오픈하는 적용을 했더니 의외로 저 같은 지체가 많아 위로를 받았습니다. 그리고 친정아버지가 애정 결핍 때문에 평생 바람을 피우신 것도 알게 되었습니다.

하나님은 제게 말씀을 점점 더 깨닫게 하셔서 아버지를 정죄했던 죄를 회개하게 하시고, 제게 손찌검을 했던 시댁에 복음을 전할 마음까지 주셔서 더 많은 두루마리를 취하는 인생이 되게 하셨습니다.

적용하기
- 자녀와 교회 지체들에게 인생의 고비마다 살아나게 하신 은혜를 나누겠습니다.
- 남편에게 이혼 소송을 당한 지체에게 그 위기가 남편에게 두루마리를 취하게 할 기회임을 전하겠습니다.

기도하기
주님, 말씀이 열리지 않아 감추고 피하며, 어둡고 캄캄한 인생을 살던 저를 위해 희생제물이 되어 주셔서 감사합니다. 인봉이 열리지 않아 울고 있던 요한처럼 그렇게 울고 있던 저를 찾아와 주셔서 감사합니다. 지체들이 더욱 많은 두루마리를 취할 수 있도록 돕는 것이 저의 두루마리를 취하는 것이며, 사명 감당하는 것임을 늘 잊지 않게 하옵소서.

돌아보기 Nursing
주제 도서 읽고 나누기

- 『말씀이 들리는 그 한 사람』(김양재, 두란노)을 읽고, 독후감을 작성해 봅시다.

살아내기 Keeping
한 주의 실천 과제와
매일 큐티

- **생활숙제** 인생의 중요한 고비마다 나를 회개하게 하고 살린 말씀은 무엇이었는지 사건 중심으로 두세 가지 나눠 봅시다.
- **매일큐티** 매일 큐티를 통해 나 자신과 가정, 공동체를 어떻게 지키려 했는지 돌아봅시다.

성구 암송과 교리 요약

내 안에 뚫고 들어온 말씀

12하나님의 말씀은 살아 있고 활력이 있어 좌우에 날선 어떤 검보다도 예리하여 혼과 영과 및 관절과 골수를 찔러 쪼개기까지 하며 또 마음의 생각과 뜻을 판단하나니 **히브리서 4:12**

하나님께서는 예수 그리스도 안에 있는 구원의 목적을 성취하시기 위해 성령의 감동으로 쓰여진 성경을 통해 우리에게 말씀하십니다. 그 말씀은 우리의 육체와 영혼, 마음속 생각과 의도까지 헤아리는 능력이 있습니다.

성경을 이루기 위한 삶

5장로 중의 한 사람이 내게 말하되 울지 말라 유대 지파의 사자 다윗의 뿌리가 이겼으니 그 두루마리와 그 일곱 인을 떼시리라 하더라 **요한계시록 5:5**

성경은 오직 예수 그리스도만이 구세주임을 증거합니다. 우리는 성경을 통해 그리스도가 하나님의 완전한 계시이며, 나의 구원을 위해 성육신하신 것을 믿게 됩니다.

하나님께 간구할 수 있는 가장 큰 힘은
언약의 말씀에 있습니다.

하나님의 창조 사역에는 나를 향한 하나님의 약속이 있습니다.

02
삼위일체 하나님

나를 도우시는 창조 사역

창세기 1:1-2

THINK

02 | 삼위일체 하나님
나를 도우시는 창조 사역 창세기 1:1-2

마음 열기 Telling
마음을 열고 생각을
나누는 시간

- 살면서 누군가에게 큰 도움을 받은 경험이 있습니까?
- 주일/수요 설교를 듣고 느낀 점을 나눠 봅시다.

말씀 읽기 Holifying
깊은 묵상을 위한 질문과 답

1. 삼위일체 하나님의 의논 창세기 1:26

26 하나님이 이르시되 우리의 형상을 따라 우리의 모양대로 우리가 사람을 만들고 그들로 바다의 물고기와 하늘의 새와 가축과 온 땅과 땅에 기는 모든 것을 다스리게 하자 하시고

- 하나님은 사람을 어떻게 지으셨습니까? (26절)

_____

_____

_____

2. 삼위일체 하나님이 한 자리에 마태복음 3:16-17

16 예수께서 세례를 받으시고 곧 물에서 올라오실새 하늘이 열리고 하나님의 성령이 비둘기같이 내려 자기 위에 임하심을 보시더니 17 하늘로부터 소리가 있어 말씀하시되 이는 내 사랑하는 아들이요 내 기뻐하는 자라 하시니라

1) 성령이 예수님에게 어떻게 임합니까? 내 삶에도 성령이 임하고 있습니까? (16절)

_____

_____

_____

2) 성령이 임한 증거가 있습니까? (17절)

_____

_____

_____

3. 요한계시록에 나타난 삼위일체 하나님 요한계시록 1:4-5

4 요한은 아시아에 있는 일곱 교회에 편지하노니 이제도 계시고 전에도 계셨고 장차 오실 이와 그의 보좌 앞에 있는 일곱 영과 5 또 충성된 증인으로 죽은 자들 가운데에서 먼저 나시고 땅의 임금들

의 머리가 되신 예수 그리스도로 말미암아 은혜와 평강이 너희에게 있기를 원하노라 우리를 사랑하사 그의 피로 우리 죄에서 우리를 해방하시고

1) '이제도 계시고 전에도 계셨고 장차 오실 이'는 누구를 말합니까? (4절)

_____

_____

_____

2) 일곱 영의 성령님이 우리를 어떻게 도우십니까? (4절)

_____

_____

_____

3) 충성된 증인이 되려면 어떻게 해야 합니까? (5절)

_____

_____

_____

4. 예수 그리스도의 신성 요한복음 1:1-2, 18

1 태초에 말씀이 계시니라 이 말씀이 하나님과 함께 계셨으니 이 말씀은 곧 하나님이시니라 2 그가 태초에 하나님과 함께 계셨고 …18 본래 하나님을 본 사람이 없으되 아버지 품속에 있는 독생하신 하나님이 나타내셨느니라

1) 태초에 말씀이 계셨다는 것은 무슨 뜻입니까? (1절)

2) 하나님 품속에 있다는 것은 어떤 의미입니까? (18절)

5. 구원을 위한 삼위일체 하나님의 사역 에베소서 1:3-14

3 찬송하리로다 하나님 곧 우리 주 예수 그리스도의 아버지께서 그리스도 안에서 하늘에 속한 모든 신령한 복을 우리에게 주시되 4 곧 창세전에 그리스도 안에서 우리를 택하사 우리로 사랑 안에서 그 앞에 거룩하고 흠이 없게 하시려고 5 그 기쁘신 뜻대로 우리

를 예정하사 예수 그리스도로 말미암아 자기의 아들들이 되게 하셨으니 6이는 그가 사랑하시는 자 안에서 우리에게 거저 주시는 바 그의 은혜의 영광을 찬송하게 하려는 것이라 7우리는 그리스도 안에서 그의 은혜의 풍성함을 따라 그의 피로 말미암아 속량 곧 죄 사함을 받았느니라 8이는 그가 모든 지혜와 총명을 우리에게 넘치게 하사 9그 뜻의 비밀을 우리에게 알리신 것이요 그의 기뻐하심을 따라 그리스도 안에서 때가 찬 경륜을 위하여 예정하신 것이니 10하늘에 있는 것이나 땅에 있는 것이 다 그리스도 안에서 통일되게 하려 하심이라 11모든 일을 그의 뜻의 결정대로 일하시는 이의 계획을 따라 우리가 예정을 입어 그 안에서 기업이 되었으니 12이는 우리가 그리스도 안에서 전부터 바라던 그의 영광의 찬송이 되게 하려 하심이라 13그 안에서 너희도 진리의 말씀 곧 너희의 구원의 복음을 듣고 그 안에서 또한 믿어 약속의 성령으로 인치심을 받았으니 14이는 우리 기업의 보증이 되사 그 얻으신 것을 속량하시고 그의 영광을 찬송하게 하려 하심이라

1) '찬송하리로다'의 근거는 무엇입니까? (3절)

_____

_____

_____

2) 하나님께서 우리를 택하신 시기는 언제이고, 그 이유는 무엇입니까? (4절)

3) 하나님의 값없는 은혜를 알고 있습니까? (5-6절)

4) 그리스도 안에서 은혜의 풍성함을 누리는 비결은 무엇입니까? (7절)

5) 지혜와 총명이 넘치는 비결은 무엇입니까? (8절)

_____

_____

_____

6) 숨겨진 하나님의 뜻은 무엇입니까? (9절)

_____

_____

_____

7) 그리스도 안에서 통일이 된다는 것은 무슨 뜻입니까? (10절)

_____

_____

_____

8) 하나님이 보증이 되시는 증거는 무엇입니까? (14절)

_____

_____

_____

주제 본문

창세기 1:1-2

1 태초에 하나님이 천지를 창조하시니라 2 땅이 혼돈하고 공허하며 흑암이 깊음 위에 있고 하나님의 영은 수면 위에 운행하시니라

해석하기 | Interpreting
구속사로 생각하기

1. 성부 하나님의 뜻은 숨겨져 있습니다(1절).

창조 사역에는 하나님의 뜻이 너무나 위대하고 크기에 숨겨져 있습니다. 피조물인 우리는 창조주 하나님 앞에서 죽은 자와 같이 겸손하게 하나님을 인정하고 믿어야 합니다. '태초'는 하나님이 창조하신 시간의 출발점입니다. 영원 전부터 거하시던 하나님이 어떤 도움도 없이 천지를 창조하셨습니다(1절).

성부 하나님의 뜻이 숨겨져 있지만(hidden will of God), 내가 하나님께서 창세전부터 택하신(엡 1:4) 대단한 존재임을 믿고 도우심을 구할 때, 성경이 열려 내 삶을 해석 받을 수 있습니다. 말씀의 능력으로 완전히 새로운 창조가 내 삶에 이뤄지게 됩니다.

2. 성자 하나님이 숨겨진 하나님의 뜻을 나타내십니다(2절).

성자 예수님이 이 땅의 시간과 공간, 관계와 질서 속에 들어오심으로 하나님의 뜻이 나타나고(revealed will of God) 우리를 구원하셨습니다(2절). 광대하고 크신 창조주 예수님이 여인의 자궁 속으로 오신 것은 상상할 수 없는 낮아짐입니다. 지금 나의 자리가 아무리 분하고 기가 막혀도, 그 자리를 지키며 관계와 질서에 순종하는 것이 창조 사역입니다. 수많은 별들이 하나님이 정하신 질서를 지키며 영롱하게 빛나듯이, 가정과 학교와 직장의 질서에 순종함으로 각자의 자리를 잘 지킬 때 영롱하게 빛나는 인생이 됩니다.

3. 성령 하나님이 효과적으로 도우십니다(2절).

성자 예수님을 믿은 후에도 우리는 날마다 영적, 정신적, 육적으로 혼돈과 공허와 흑암과 싸웁니다. 그 속에 하나님의 뜻이 나타나기 위해 하나님의 신, 곧 성령께서 효과적으로 도우십니다 (effective power of God, 2절).

하나님의 창조 사역에는 나를 향한 하나님의 약속이 있습니다. 성령의 운행하심이 그 약속을 알게 하고 이끌어 가심으로 혼돈과 흑암 중에 있던 내 삶이 새로운 형태와 질서로 자리 잡아 갑니다. 하나님이 단번에 천지를 창조하지 않으시고 6일간 지으신 것처럼, 우리를 더욱 완전하게 하시려고 지금도 인도하시며 기다리고 계십니다. 삼위일체 하나님이 창조하고 시작하셨기에 모든 것은 하나님이 끝내셔야 끝이 난다는 것을 믿고, 어떤 혼돈과 흑암의 환경에서도 하나님의 약속을 굳게 지킨다면 영원한 생명을 얻는 창조 사역을 이룰 수 있습니다.

주제 본문 큐티 예시
창세기 1:1-2

나를 창조하신 하나님

정상호

본문 요약
태초에 하나님이 천지를 창조하셨습니다. 땅은 혼돈하고 공허하며 흑암이 깊음 위에 있고, 하나님의 영은 수면 위에 운행하십니다.

질문하기
1. 왜 땅은 혼돈하고 공허하며, 흑암이 깊음 위에 있었을까? (2a절)
2. 왜 하나님의 영은 수면 위에 운행하셨을까? (2b절)

묵상하기
1. 왜 땅은 혼돈하고 공허하며, 흑암이 깊음 위에 있었을까? (2a절)
하나님이 천지창조를 시작하셨습니다. 형체도 없고 비어 있고 어둠이 깊은 무의 환경, 아직 수면 아래 있는 땅을 택하셨습니다. 오직 성부, 성자, 성령 삼위 하나님의 말씀만이 무에서 유를 창조할 수 있습니다.

어린 시절 아버지의 외도와 부재, 부모님의 불화는 제 삶을 혼돈스럽게 했습니다. 삶에 대한 뚜렷한 가치관과 정체성이 없어 깊은 우울감이 있었고, 제 삶을 해석할 능력이나 기준이 없었습니다. 아버지가 어머니를 때리고 집안 살림을 내던지는 날이면 두려워 죽고 싶었습니다. 극심한 가정불화와 경제적인 빈곤으로 자존감이 낮았지만, 그로 인한 공허함을 채우기 위해 물건을 훔치고 폭력적으로 변하는 이중적인 모습이 있었습니다.

청년 시절에는 술을 마시며 헛된 철학으로 저를 합리화하고 포장했지만, 결혼을 하고 나니 제 악한 본질이 다 드러났습니다. 결혼과 동시에 임신해서 낳은 쌍둥이 아들이 희귀 난치 질환(뇌하수체 기능 저하증)이라는 사실 앞에서 아버지보다 더 악하게 아내를 괴롭히고 폭력을 사용했습니다. 결국 아내는 집을 나갔고, 저희 부부는 이혼의 위기에 이르렀습니다. 그렇게 말씀도, 창조의 주체도 발견하지 못한 제 인생의 땅은 너무도 척박해서 창조 질서가 세워질 가능성이 희박해 보였습니다.

2. 왜 하나님의 영은 수면 위에 운행하셨을까? (2b절)

삼위 하나님은 새로운 질서를 만드시기 위해 의논을 하십니다. 그리고 세 분이 한 영이 되어 땅에 질서를 부여하시고, 수면 위를 운행하십니다.

자녀의 불치병, 아내와의 불화, 사업 실패의 삼중고를 겪으면서 제 인생은 바닥을 치게 되었습니다. 더 이상 낮아질 데가 없는 절망의 상황에서 어쩔 수 없이 더부살이하게 된 곳이 누님 댁 2층이었습니다. 그런데 하필 맞은편 방에는 제가 그토록 대면하고 싶지 않은 아버지가 계셨습니다. 누님이 몸이 아픈 아버지를 모셔온 것입니다.

어쩔 수 없이 묶인 환경을 통해 새벽이면 누님 부부와 저희 부부, 그리고 아버지가 모여 그날의 큐티 말씀으로 나눔을 했습니다. 아버지는 자신이 죄인임을 진심으로 고백하셨고, 저는 그 모습에 그렇게 원망하고 저주했던 아버지의 인생에 한 점처럼 독생하신 예수님의 형상을 발견했습니다. 저 역시 공동체에서 말씀을 듣고 양육을 받으면서 아버지에 대한 원망과 미움이 사라지는 기적을 맛보았습니다.

그리고 비로소 수면 아래 땅을 생명의 터전으로 만들기 위해 수면 위를 운행하시며 창세전부터 저를 응시하고 계셨던 하나님의 숨겨진 뜻을 발견했습니다. 제 공허한 삶이 말씀으로 채워지니 창조적인 능력으로 저를 세워 주셨습니다. 영으로는 저처럼 인생이 혼돈스럽고 공허하여 아픔이 깊은 사람들을 말씀으로 살리는 리더로 세워 주시고, 육으로는 무너진 가정을 회복시켜 주시고 물질의 복도 주셨습니다. 질서 정연하고 효과적이며 쓸모 있는 땅으로 창조된 것입니다.

적용하기

- 공동체의 영적 질서를 잘 따르고, 저처럼 청소년기에 방황하며 힘든 시기를 보내고 있는 청소년부 아이들을 위해 끝까지 헌신하겠습니다.
- 소그룹 모임에서 나의 무질서한 수치를 잘 드러내고, 다른 사람의 말을 경청하겠습니다.

기도하기

불우한 유년기와 청년 시절을 보내며 말씀이 없는 무질서가 얼마나 인생을 공허하고 힘들게 하는지 경험했습니다. 힘든 고난에서 내 죄를 보기보다는 무조건 육신의 아버지를 탓했던 저의 악함을 회개합니다. 말씀으로 저를 새롭게 창조해 주셨으니 저도 힘든 사람들을 말씀으로 살리는 창조적인 사람이 되도록 주님이 인도해 주옵소서.

돌아보기 Nursing
주제 도서 읽고 나누기

- 『상처가 별이 되어』(김양재, QTM)를 읽고, 독후감을 작성해 봅시다.

살아내기 Keeping
한 주의 실천 과제와 매일 큐티

- **생활숙제** 내가 순종해야 할 관계와 질서의 자리는 어디이고, 그 자리에서 어떤 역할을 감당해야 하는지 말해 봅시다(가정, 직장, 교회 등). 그리고 어떻게 효과적인 성령님의 도우심을 경험했는지 나눠 봅시다.
- **매일큐티** 매일 큐티를 통해 한 주간 나 자신과 가정, 공동체를 어떻게 지키려 했는지 돌아봅시다.

성구 암송과 교리 요약

영원하신 하나님

1태초에 말씀이 계시니라 이 말씀이 하나님과 함께 계셨으니 이 말씀은 곧 하나님이시니라 2그가 태초에 하나님과 함께 계셨고 **요한복음 1:1-2**

말씀이신 예수 그리스도는 창세전부터 성부 하나님과 함께 계시면서 만물의 창조에 참여하신, 영원하신 하나님입니다.

삼위일체 하나님

1태초에 하나님이 천지를 창조하시니라 2땅이 혼돈하고 공허하며 흑암이 깊음 위에 있고 하나님의 영은 수면 위에 운행하시니라 **창세기 1:1-2**

유일하신 하나님은 성부, 성자, 성령이신 삼위일체이시며, 본질상 한 분입니다. 만물의 창조에 성부 하나님의 뜻이 숨겨져 있으며, 성자 하나님이 시간과 공간, 관계와 질서 속에 들어오심으로 하나님의 뜻이 드러나고, 성령 하나님이 효과적으로 나를 도우십니다.

죄의 세력은 누구도 피할 자가 없습니다.
우리는 의롭게 보이고자 하나 의인은 아무도 없습니다.

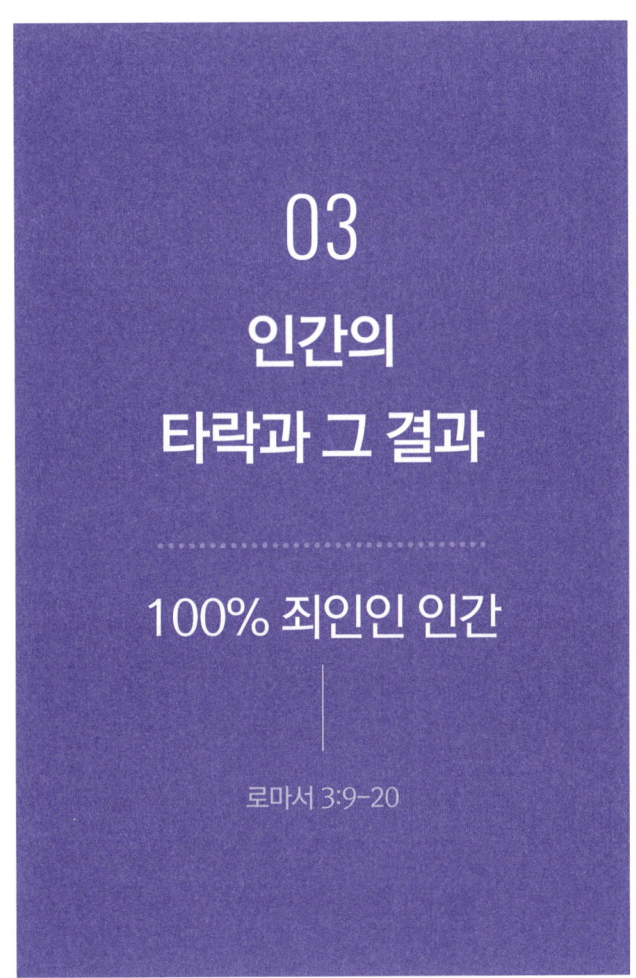

03 인간의 타락과 그 결과
100% 죄인인 인간 로마서 3:9-20

마음 열기 Telling
마음을 열고 생각을 나누는 시간

- 자신이 정말 100% 죄인이라고 생각합니까?
- 주일/수요 설교를 듣고 느낀 점을 나눠 봅시다.

말씀 읽기 Holifying
깊은 묵상을 위한 질문과 답

1. 인간의 타락 창세기 3:1-8

1 그런데 뱀은 여호와 하나님이 지으신 들짐승 중에 가장 간교하니라 뱀이 여자에게 물어 이르되 하나님이 참으로 너희에게 동산 모든 나무의 열매를 먹지 말라 하시더냐 2 여자가 뱀에게 말하되 동산 나무의 열매를 우리가 먹을 수 있으나 3 동산 중앙에 있는 나무의 열매는 하나님의 말씀에 너희는 먹지도 말고 만지지도 말라 너희가 죽을까 하노라 하셨느니라 4 뱀이 여자에게 이르되 너희가 결코 죽지 아니하리라 5 너희가 그것을 먹는 날에는 너희 눈이 밝아져 하나님과 같이 되어 선악을 알 줄 하나님이 아심이니라 6 여자가 그 나무를 본즉 먹음직도 하고 보암직도 하고 지혜롭게 할 만

큼 탐스럽기도 한 나무인지라 여자가 그 열매를 따먹고 자기와 함께 있는 남편에게도 주매 그도 먹은지라 7이에 그들의 눈이 밝아져 자기들이 벗은 줄을 알고 무화과나무 잎을 엮어 치마로 삼았더라 8그들이 그날 바람이 불 때 동산에 거니시는 여호와 하나님의 소리를 듣고 아담과 그의 아내가 여호와 하나님의 낯을 피하여 동산 나무 사이에 숨은지라

1) 사탄은 어떤 모습으로 유혹하고, 하나님의 말씀을 훼방합니까? (1절)

_____

_____

🌱 간교하게 약점을 공격하는 사탄에게 무너지지 않을 예수 믿는 자로서의 자존감이 있습니까? 사람을 잘 분별해 유혹을 이길 수 있게 해달라고 기도합시다.

2) 여자는 어떻게 하나님의 말씀을 가감합니까? (2-3절)

_____

_____

🌱 내 욕심에 도장을 찍어 주는 말이 사탄의 유혹임을 깨닫습니까? "내가 그때 그런 사건을 당해서 지금 이 모양이다"라고 하면서 신세 한탄을 하고 있습니까? 선악이 아닌 구원의 관점으로 정확한 분별을 하고 있습니까?

3) 사탄이 하나님의 말씀에 대해 어떻게 말합니까? (4-5절)

___

___

___

4) 타락의 선택은 결국 누가 한 것입니까? (6절)

___

___

___

5) 그들이 눈이 밝아져 어떤 감정을 느꼈습니까? 그리고 어떻게 했습니까? (7절)

___

___

___

6) 초라한 무화과나무 잎 뒤에 숨어 있을 때, 누가 찾아왔습니까? (8절)

___

___

___

2. 타락의 결과로 받는 축복의 벌 창세기 3:14-24

14여호와 하나님이 뱀에게 이르시되 네가 이렇게 하였으니 네가 모든 가축과 들의 모든 짐승보다 더욱 저주를 받아 배로 다니고 살아 있는 동안 흙을 먹을지니라 15내가 너로 여자와 원수가 되게 하고 네 후손도 여자의 후손과 원수가 되게 하리니 여자의 후손은 네 머리를 상하게 할 것이요 너는 그의 발꿈치를 상하게 할 것이니라 하시고 16또 여자에게 이르시되 내가 네게 임신하는 고통을 크게 더하리니 네가 수고하고 자식을 낳을 것이며 너는 남편을 원하고 남편은 너를 다스릴 것이니라 하시고 17아담에게 이르시되 네가 네 아내의 말을 듣고 내가 네게 먹지 말라 한 나무의 열매를 먹었은즉 땅은 너로 말미암아 저주를 받고 너는 네 평생에 수고하여야 그 소산을 먹으리라 18땅이 네게 가시덤불과 엉겅퀴를 낼 것이라 네가 먹을 것은 밭의 채소인즉 19네가 흙으로 돌아갈 때까지 얼굴에 땀을 흘려야 먹을 것을 먹으리니 네가 그것에서 취함을 입었음이라 너는 흙이니 흙으로 돌아갈 것이니라 하시니라 20아담이 그의 아내의 이름을 하와라 불렀으니 그는 모든 산 자의 어머니가 됨이더라 21여호와 하나님이 아담과 그의 아내를 위하여 가죽옷을 지어 입히시니라 22여호와 하나님이 이르시되 보라 이 사람이 선악을 아는 일에 우리 중 하나같이 되었으니 그가 그의 손을 들어 생명나무 열매도 따먹고 영생할까 하노라 하시고 23여호와 하나님이 에덴동산에서 그를 내보내어 그의 근원이 된 땅을 갈게 하시니라 24이같이 하나님이 그 사람을 쫓아내시고 에덴동산 동쪽에 그룹들과 두루 도는 불 칼을 두어 생명나무의 길을 지키게 하시니라

1) 하나님은 인간을 타락하게 한 뱀에게 어떤 벌을 내리십니까? (14절)

_____

_____

_____

🌱 예수님만 믿으면, 큐티만 하면, 기도만 하면 다 잘될 거라고 뱀 같은 말로 자신을 속이고, 다른 사람도 속게 하지는 않습니까? 고난이 저주가 아니라 예수 없이 잘되는 것이 저주임을 깨닫고 있습니까?

2) 하나님이 선악과를 먹은 우리에게 벌을 내리기 전에 주신 대안은 무엇입니까? (15절)

_____

_____

_____

🌱 내가 겪는 고통이 내 죄로 인한 형벌일지라도 구원을 위해 주신 것임을 알고 감사합니까? 우리 집안에 예수님이 오실 기회인데도 발꿈치가 상하는 고통도 당하기 싫어서 피하려고만 합니까?

3) 하나님이 여자에게 내린 축복의 벌은 무엇입니까? (16절)

_____

_____

_____

🌱 해산과 남편 사모함의 고통으로 힘들어 하고 있습니까? 고통 속에서 하나님의 뜻을 깨닫고 믿음으로 화합하고 있습니까?

4) 남자에게는 어떤 축복의 벌을 주십니까? (17-19절)

_____

_____

_____

🌱 노동의 형벌로 힘들어 하고 있습니까? 고통 속에서 하나님의 뜻을 깨닫고 형벌이 축복이 되는 경험을 하고 있습니까?

5) 인간에게 벌을 주신 목적은 무엇입니까? (20-24절)

_____

_____

_____

🌱 무화과나무 잎으로 가릴 수 없는 내 죄와 수치를 가죽옷으로 덮어주신 간증이 있습니까? 죄와 고난도 영적 자녀를 낳기 위한 것임을 알고 전도와 양육에 힘쓰고 있습니까? 내 힘과 지식으로 생명나무를 해하려는 죄는 없는지 돌아보십시오.

주제 본문
로마서 3:9-20

9그러면 어떠하냐 우리는 나으냐 결코 아니라 유대인이나 헬라인이나 다 죄 아래에 있다고 우리가 이미 선언하였느니라 10기록된 바 의인은 없나니 하나도 없으며 11깨닫는 자도 없고 하나님을 찾는 자도 없고 12다 치우쳐 함께 무익하게 되고 선을 행하는 자는 없나니 하나도 없도다 13그들의 목구멍은 열린 무덤이요 그 혀로는 속임을 일삼으며 그 입술에는 독사의 독이 있고 14그 입에는 저주와 악독이 가득하고 15그 발은 피 흘리는 데 빠른지라 16파멸과 고생이 그 길에 있어 17평강의 길을 알지 못하였고 18그들의 눈앞에 하나님을 두려워함이 없느니라 함과 같으니라 19우리가 알거니와 무릇 율법이 말하는 바는 율법 아래에 있는 자들에게 말하는 것이니 이는 모든 입을 막고 온 세상으로 하나님의 심판 아래에 있게 하려 함이라 20그러므로 율법의 행위로 그의 앞에 의롭다 하심을 얻을 육체가 없나니 율법으로는 죄를 깨달음이니라

해석하기 Interpreting
구속사로 생각하기

1. 모든 인류는 죄 아래 있습니다(9절).

죄의 세력은 누구도 피할 자가 없습니다. 첫째, 의인이라고 주장하는 죄입니다(10절). 바울은 '기록된 바' 성경 말씀으로 우리의 죄를 확인해 줍니다. 우리는 의롭게 보이고자 하나 의인은 아무도 없습니다. 둘째, 하나님을 찾지 않는 죄입니다(11절). 사람들이 하나님을 찾는 것 같지만 자기만족을 위해 기복의 하나님을 찾습니다. 셋째, 치우치는 죄입니다(12절). 죄의 어원은 '과녁을 빗나가다'입니다. 우리는 본성대로 죄를 짓고 합리화합니다. 넷째, 언어의 죄입니다(13-14절). 악취 나는 언어를 제어하기가 얼마나 어려운지 모릅니다. '목구멍이 열린 무덤'이기 때문입니다.

2. 죄 가운데 파멸과 고생을 안고 삽니다(16절).

우리를 지배하는 것은 이성도, 감성도 아닌 죄입니다. 눈만 뜨면 죄가 나를 지배합니다. 자신이 죄인이라고 생각하면서도 어느새 해서는 안 될 일을 합니다. 죄를 깨닫고 돌이키는 데는 평생이 걸리기도 하지만, 죄 지을 생각을 실천에 옮기는 데는 얼마나 빠른지 모릅니다(15절). 죄가 나를 지배하는 그 길에 파멸과 고생이 기다리고 있다는 것을 모르기 때문에 피 흘리는 데 빠릅니다.

3. 하나님을 두려워하지 않기 때문입니다(18절).

죄를 짓고도 깨닫지 못하는 이유는 하나님을 두려워하지 않아서입니다. 사람만 속이면 된다고 생각하기에 못할 일이 없습니다. 율법의 핵심은 '하나님 사랑, 이웃 사랑'입니다. 내 만족을 위해 돕는 것은 사랑이 아닙니다. 구원을 위한 사랑은 '깨진 독에 물 붓기'와 같은 것입니다. 내가 하나님의 수준에 도달할 수 없음을 알고 "주여, 저는 아무것도 할 수 없는 죄인입니다"를 고백하게 하는 것이 율법입니다. 의로워지려는 노력까지 죄임을 인정하고, 자신이 전적으로 부패하고 타락한 100% 죄인임을 인정해야 합니다.

주제 본문 큐티 예시
로마서 3:9-20

바람의 끝

고윤희

본문 요약
의인은 없고 하나님을 찾는 자도 없고 선을 행하는 자도 없다고 합니다. 목구멍은 열린 무덤으로 저주와 악독이 가득하고, 파멸과 고생으로 평강의 길을 알지 못하며 하나님을 두려워함이 없습니다. 율법의 행위로는 의롭다 할 육체가 없으니 율법으로는 죄를 깨닫습니다.

질문하기
1. 왜 파멸과 고생이 그 길에 있다고 했을까? (16절)
2. 왜 그들의 눈앞에 하나님을 두려워함이 없다고 했을까? (18절)

묵상하기
1. 왜 파멸과 고생이 그 길에 있다고 했을까? (16절)
사도 바울은 우리가 다 죄 아래 있으며, 파멸과 고생이 그 길에 있어 평강을 알지 못한다고 말합니다.

저는 모태신앙으로 태어났지만 아버지와의 갈등으로 가출을 일삼고 음란하게 살다가 불신결혼을 했습니다. 남편에게 사랑을 원했지만, 남편이 술을 마시고 폭언을 하니 나를 사랑하지 않는다는 감정에 치우쳐 직장까지 찾아가 사랑해 달라고 애원했습니다.

그러다 첫아이가 다섯 살이 되던 해에 저는 경마장에 출입하던 남자와 바람이 났고, 그즈음 임신을 했습니다. 이제 임신을 했으니 걱정하지 말라며 열린 목구멍으로 남편을 속이고 그 남자를 계속 만났습니다. 배가 점점 불러오자 '남편의 아이가 아니면 어쩌나' 하는 두려운 생각에 괴로워 죽고 싶었지만, 이렇게 살다가 죽어야겠다며 남자를 더 만났습니다. 아이가 돌이 지날 무렵부터 저의 외도를 의심하던 남편이 심부름센터에 의뢰해 모든 것이 다 드러났습니다. 눈만 뜨면 죄가 나를 지배해 파멸과 고생이 기다리는 줄도 모르고 피 흘리는 데 빠른 발로 남자를 끊지 못해 결국 이혼을 당했습니다(15-16절). 이후에 저는 그 외도남과 재혼을 하게 되었습니다.

남편이 키우기로 한 첫째 아이는 언제라도 볼 수 있을 거라는 막연한 생각에 스스로를 위로했습니다. 아르바이트를 하면서 내 능력으로 살 수 있을 것 같았지만, 둘째 아이가 급성폐렴으로 병원에 입원하면서 일을 못하고 아이 아빠가 주는 하루 만 원으로 밥만 겨우 먹는 처지가 되었습니다. 첫째 아이를 보여 주겠다던 전남편은 약속을 지키지 않았고, 시댁의 반대로 아이를 못 보는 상황이 되니 아이에 대한 죄책감과 그리움으로 몸부림치고, 돈이 없어 이를 갈며 하나님을 부르짖게 되었습니다. 전화 한 통에 시작된 바람 사건으로 모든 것을 잃고, 죄의 길이 파멸과 고생으로 평강이 없는 길임을 처절하게 알게 되었습니다.

2. 왜 그들의 눈앞에 하나님을 두려워함이 없다고 했을까? (18절)
하나님을 알지 못하기 때문에 하나님을 두려워하지 않는 것입니다. 저는 하나님을 알지 못했기에 죄책감이 없었습니다. 바람을 피우면서도 남편이 나를 외롭게 해서 그런 거라며 도리어 남편 탓을 했습니다. 아이를 사랑할 줄 몰랐기에 이혼을 해도 아이는 만나면 된다고 합리화하면서 아이의 상처를 외면했습니다.

파멸과 고생 끝에 하나님을 만나니 제가 아이와 전남편에게 얼마나 엄청난 잘못을 저질렀는지 알게 되었습니다. 내 죄가 너무 추악해서 고개를 들 수 없었습니다. 고통과 암흑 속에 있던 제게 하나님이 말씀으로 찾아와 주셨고, 지금까지 주님의 은혜로 이혼하지 않고 살고 있습니다. 그렇게 미워하던 아버지였는데 키워 준 것만으로도 감사하게 되었고, 저 때문에 해석할 수 없는 인생을 살아야 하는 아이들을 위해 기도하게 되었습니다. 이제는 하나님을 만나야 인생이 해석되는 것을 알기 때문입니다.

율법으로는 구원을 받을 수 없기에 죄책감에 시달리며 자살 충동을 느낄 때도 있지만, 하나님이 크나큰 사랑으로 저를 만나 주셨기 때문에 이제는 하나님이 원하시는 삶을 살고 싶습니다. 제가 100% 죄인인 것을 알게 해 주셔서 하나님이 원하시는 삶을 살도록 소망을 주시니 감사합니다.

적용하기
- 눈이 잘 보이지 않는 남편에게 『큐티인』을 읽어 주겠습니다.
- 아이와 함께 『새싹 큐티인』을 거르지 않으며, 아이들을 위해 기도하겠습니다.

기도하기

하나님 아버지, 저는 죄인입니다. 바람을 피우고 가정을 버린 저를 위해 예수님이 탄식하고 죽어 주시니 율법을 주신 것이 파멸과 고생에서 건져 내시려는 하나님의 사랑임을 알게 되었습니다. 이제는 주님의 사랑으로 피해 의식에서 벗어나 사랑하는 자로 살기 원하오니 인도해 주옵소서.

돌아보기 Nursing
주제 도서 읽고 나누기

- 『기독교의 기본 진리』(존 스토트, 생명의말씀사)를 읽고, 독후감을 작성해봅시다.

살아내기 Keeping
한 주의 실천 과제와
매일 큐티

- **생활숙제** 죄인의 특징은 치우치는 것으로, 감정에 치우치면 정신이 없고 이성에 치우치면 메말라서 문제입니다. 나는 어디에 치우쳐 있고, 무엇이 부족한지 나눠 봅시다(자녀, 건강, 감정, 이성, 성적인 것 등).
- **매일 큐티** 매일 큐티를 통해 한 주간 나 자신과 가정, 공동체를 어떻게 지키려 했는지 돌아봅시다.

성구 암송과 교리 요약

축복의 벌

16또 여자에게 이르시되 내가 네게 임신하는 고통을 크게 더하리니 네가 수고하고 자식을 낳을 것이며 너는 남편을 원하고 남편은 너를 다스릴 것이니라 하시고 **창세기 3:16**

하나님은 불순종하여 범죄한 여자에게는 해산의 고통과 남편 사모함의 벌을, 남자에게는 노동의 고통을 형벌로 주셨습니다. 그러나 그 벌을 잘 받을 때, 형벌은 하나님의 은혜로 축복이 됩니다.

100% 죄인인 인간

10기록된 바 의인은 없나니 하나도 없으며 **로마서 3:10**

모든 사람은 전적으로 부패하여 타락한 100% 죄인에 불과합니다. 죄로 인해 하나님과 분리되었기 때문에 인간의 힘으로는 결코 구원을 얻을 길이 없습니다.

나의 잘못을 시인하는 것이 회개의 삶이고,
회개는 평생 계속되어야 할 삶의 방식입니다

04
나를 살리는 회개

죄 고백

사무엘하 12:13-31

THINK

04 | 나를 살리는 회개

죄 고백 사무엘하 12:13-31

마음 열기 Telling
마음을 열고 생각을 나누는 시간

- 다른 사람의 지적에 "옳소이다" 하고 인정을 잘합니까?
- 주일/수요 설교를 듣고 느낀 점을 나눠 봅시다.

말씀 읽기 Holifying
깊은 묵상을 위한 질문과 답

1. 인간 최고의 감정, 회개 요한계시록 22:14

14 자기 두루마기를 빠는 자들은 복이 있으니 이는 그들이 생명나무에 나아가며 문들을 통하여 성에 들어갈 권세를 받으려 함이로다

- 두루마기를 빠는 자의 복을 받으려면 어떻게 해야 합니까? (14절)

2. 다윗의 회개 시편 6, 32, 51편, 사무엘하 12장 배경

1) 다윗의 참회시인 시편 6편, 32편, 51편을 읽어 보십시오. 통렬한 회개의 심정이 느껴집니까?

2) 하나님은 다윗의 죄를 어떻게 만천하에 드러내셨습니까?
   (삼하 12장)

3. 다윗의 참회시 시편 51편

1 하나님이여 주의 인자를 따라 내게 은혜를 베푸시며 주의 많은 긍휼을 따라 내 죄악을 지워 주소서 2 나의 죄악을 말갛게 씻으시며 나의 죄를 깨끗이 제하소서 3 무릇 나는 내 죄과를 아오니 내 죄가 항상 내 앞에 있나이다 4 내가 주께만 범죄하여 주의 목전에 악을 행하였사오니 주께서 말씀하실 때에 의로우시다 하고 주께서 심판하실 때에 순전하시다 하리이다 5 내가 죄악 중에서 출생하였

음이여 어머니가 죄 중에서 나를 잉태하였나이다 6보소서 주께서는 중심이 진실함을 원하시오니 내게 지혜를 은밀히 가르치시리이다 7우슬초로 나를 정결하게 하소서 내가 정하리이다 나의 죄를 씻어 주소서 내가 눈보다 희리이다 8내게 즐겁고 기쁜 소리를 들려주시사 주께서 꺾으신 뼈들도 즐거워하게 하소서 9주의 얼굴을 내 죄에서 돌이키시고 내 모든 죄악을 지워 주소서 10하나님이여 내 속에 정한 마음을 창조하시고 내 안에 정직한 영을 새롭게 하소서 11나를 주 앞에서 쫓아내지 마시며 주의 성령을 내게서 거두지 마소서 12주의 구원의 즐거움을 내게 회복시켜 주시고 자원하는 심령을 주사 나를 붙드소서 13그리하면 내가 범죄자에게 주의 도를 가르치리니 죄인들이 주께 돌아오리이다 14하나님이여 나의 구원의 하나님이여 피 흘린 죄에서 나를 건지소서 내 혀가 주의 의를 높이 노래하리이다 15주여 내 입술을 열어 주소서 내 입이 주를 찬송하여 전파하리이다 16주께서는 제사를 기뻐하지 아니하시나니 그렇지 아니하면 내가 드렸을 것이라 주는 번제를 기뻐하지 아니하시나이다 17하나님께서 구하시는 제사는 상한 심령이라 하나님이여 상하고 통회하는 마음을 주께서 멸시하지 아니하시리이다 18주의 은택으로 시온에 선을 행하시고 예루살렘 성을 쌓으소서 19그때에 주께서 의로운 제사와 번제와 온전한 번제를 기뻐하시리니 그때에 그들이 수소를 주의 제단에 드리리이다

1) 다윗은 자신의 죄악을 지워달라고 어떻게 아룁니까? (1절)

_____

_____

_____

🌱 죄를 자백한다는 것은 이 땅에서 잃을 것이 많고, 사람들의 무시를 받아들이겠다는 의미입니다. 그럼에도 죄를 자백할 용기가 있습니까?

2) 다윗은 죄에서 벗어날 수만 있다면 어떠한 심판도 감수하겠다고 고백합니다. 다윗이 받은 벌은 무엇입니까? (4절, 삼하 12:10~14)

_____

_____

_____

3) 왜 다윗은 자신이 죄악 중에 출생했다고 합니까? (5절)

_____

_____

_____

🌱 내가 죄악 중에 출생했다는 것이 인정이 됩니까?

4) 왜 다윗은 우슬초로 자신을 정결케 해 달라고 했습니까? (6-7절)

_____
_____
_____

5) 즐겁고 기쁜 소리가 심령 가운데 흘러나오고, 정한 마음과 정직한 영이 새롭게 되는 거듭남은 무엇으로 가능합니까? (8-11절)

_____
_____
_____

6) 하나님은 죄의 문제를 해결한 사람에게 무엇을 주십니까? 앞으로는 어떤 일을 감당해야 합니까? (12-19절)

_____
_____
_____

4. 죄 사함을 누리는 공동체 마태복음 9:2

2 침상에 누운 중풍병자를 사람들이 데리고 오거늘 예수께서 그들의 믿음을 보시고 중풍병자에게 이르시되 작은 자야 안심하라 네 죄 사함을 받았느니라

- 예수님은 왜 중풍병자에게 병 나음이 아닌 죄 사함을 받았다고 하십니까? (2절)

_____

_____

_____

🌱 가정과 교회와 직장에 중풍병자처럼 불편을 끼치는 존재, 골치 아픈 문제가 있습니까? 그것을 치유하기 위해 공동체 안에서 각자의 죄를 회개하며 주님을 감탄시키는 '그들의 믿음'이 있습니까? 회개와 죄 사함보다 문제 해결에만 급급해서 서로를 탓하고 책임을 떠넘기지는 않습니까?

주제 본문
사무엘하 12:13-31

13다윗이 나단에게 이르되 내가 여호와께 죄를 범하였노라 하매 나단이 다윗에게 말하되 여호와께서도 당신의 죄를 사하셨나니 당신이 죽지 아니하려니와 14이 일로 말미암아 여호와의 원수가 크게 비방할 거리를 얻게 하였으니 당신이 낳은 아이가 반드시 죽으리이다 하고 15나단이 자기 집으로 돌아가니라 우리아의 아내가 다윗에게 낳은 아이를 여호와께서 치시매 심히 앓는지라 16다윗이 그 아이를 위하여 하나님께 간구하되 다윗이 금식하고 안에 들어가서 밤새도록 땅에 엎드렸으니 17그 집의 늙은 자들이 그 곁에 서서 다윗을 땅에서 일으키려 하되 왕이 듣지 아니하고 그들과 더불어 먹지도 아니하더라 18이레 만에 그 아이가 죽으니라 그러나 다윗의 신하들이 아이가 죽은 것을 왕에게 아뢰기를 두려워하니 이는 그들이 말하기를 아이가 살았을 때에 우리가 그에게 말하여도 왕이 그 말을 듣지 아니하셨나니 어떻게 그 아이가 죽은 것을 그에게 아뢸 수 있으랴 왕이 상심하시리로다 함이라 19다윗이 그의 신하들이 서로 수군거리는 것을 보고 그 아이가 죽은 줄을 다윗이 깨닫고 그의 신하들에게 묻되 아이가 죽었느냐 하니 대답하되 죽었나이다 하는지라 20다윗이 땅에서 일어나 몸을 씻고 기름을 바르고 의복을 갈아입고 여호와의 전에 들어가서 경배하고 왕궁으로 돌아와 명령하여 음식을 그 앞에 차리게 하고 먹은지라 21그의 신하들이 그에게 이르되 아이가 살았을 때에는 그를 위하여 금식하고 우시더니 죽은 후에는 일어나서 잡수시니 이 일이 어찌 됨이니이까 하니 22이르되 아이가 살았을 때에 내가 금식하고 운 것은 혹시 여호와께서 나를 불쌍히 여기사 아이를 살려 주실는지 누가 알까 생각함이거니와 23지금은 죽었으니 내가 어찌 금식하랴 내가 다시 돌아오게 할 수 있느냐 나는 그에게로 가려니와 그는 내게로 돌아오지 아니하리라 하니라 24다윗이 그의 아내 밧세바를 위로하고 그에게 들어가 그와 동침하였더니 그가 아들을 낳으매 그의 이름을 솔로몬이라 하니라 여호와께서 그를 사랑하사 25선지자 나단을 보내 그의 이름을 여디디야라 하시니 이는 여호와께서 사랑하셨기 때문이더라 26요압이 암몬 자손의 랍바를 쳐서 그 왕성을 점령하매 27요압이 전령을 다윗에게 보내 이르되 내가 랍바 곧 물들의 성읍을 쳐서 점령하였으니 28이제 왕은 그 백성의 남은 군사를 모아 그 성에 맞서 진 치고 이 성읍을 쳐서 점령하소서 내가 이 성읍을 점령하면 이 성읍이 내 이름으로 일컬음을 받을까 두려워하나이다 하니 29다윗이 모든 군사를 모아 랍바로 가서 그곳을 쳐서 점령하고 30그 왕의 머리에서 보석 박힌 왕관을 가져오니 그 중량이 금 한 달란트라 다윗이 자기의 머리에 쓰니라 다윗이 또 그 성읍에서 노략한 물건을 무수히 내오고 31그 안에 있는 백성들을 끌어내어 톱질과 써레질과 철도끼질과 벽돌구이를 그들에게 하게 하니라 암몬 자손의 모든 성읍을 이같이 하고 다윗과 모든 백성이 예루살렘으로 돌아가니라

해석하기 | Interpreting
구속사로 생각하기

1. 죄 고백이 있습니다(13절).

다윗이 밧세바를 범하고 우리아를 죽인 죄를 1년간 은폐했을 때 나단이 찾아가 비유로 지혜롭고 단호하게 책망합니다. 다윗은 나단의 책망에 즉각 회개하면서 "내가 죄를 지었습니다. 나는 죄인입니다"라고 고백합니다. 또한 시편 51편에서 문둥병을 치료하는 우슬초로 자신을 씻어 달라고 할 만큼 자신의 죄를 회개하고 철저히 낮아집니다. 이렇게 연약한 다윗에게 하나님은 약속의 말씀을 이루도록 사람의 매와 인생 채찍으로 때마다 인도해 가십니다. 다윗의 밧세바 사건은 자신의 내면을 직면하는 회개의 분수령이 되어 인생 후반에 말이 점점 없어지고 인내하게 됩니다. 나의 잘못을 시인하는 것이 회개의 삶이고, 회개는 평생 계속되어야 할 삶의 방식입니다.

2. 죄는 반드시 징벌하십니다(14-15절).

죄를 쉽게 생각하는 이유는 죄를 지어도 하나님이 용서해 주신다는 생각이 앞서기 때문입니다. 그러나 사함을 받은 죄라도 하나님은 죄를 미워하시기 때문에 반드시 죄에 대해 책임을 물으십니다. 다윗의 넘어짐은 원수에게 득세할 기회를 주는 것임에도 하나님은 다윗이 넘어지도록 두고 보십니다. 다윗은 치밀한 계획 아래 간음과 살인의 죄를 짓고도 권세를 가지고 죄를 은폐합니다. 나단의 징계를 통해 처절한 회개를 한 다윗은 죄 사함을 받았지만, 그 대가로 아이를 치신다고 합니다. 죄는 용서하시지만 죗값은 치르십니다.

3. 징벌에 순종합니다(16-25절).

다윗이 현실을 수용합니다. 말씀대로 아이가 심하게 앓았지만, 포기하지 않고 마지막까지 금식하고 기도하면서 주님의 자비를 구했습니다(16절). 그럼에도 아이가 죽었다면 하나님의 응답인 것입니다. 다윗은 회개 후에 자신이 할 수 있는 게 없음을 인정하고, 아이가 천국에 간 것을 확신합니다. 아이의 죽음에 절망하지 않고 여호와께 예배드리고 하나님을 신뢰하자, 진정한 사랑을 하게 됩니다. 다윗은 아이가 죽은 후, 모든 사람이 손가락질할 밧세바를 위로하고 동침합니다(24절). 이것이 진정한 회개, 진정한 사랑입니다. 아픔과 슬픔을 딛고 일어난 후에 하나님은 이들에게 '사랑하는 자'라는 뜻의 여디디아, 솔로몬을 주십니다.

4. 회개의 결론은 거룩입니다(26-31절).

암몬과의 전쟁에서 승리한 것은 솔로몬의 출생 이전입니다. 다윗의 회개 때문이 아니라 죄를 짓고 있는데도 하나님이 이기게 해 주신 것입니다. 죄를 짓는데도 잘나간다는 것은 회개해야 할 신호입니다. 하지만 다윗은 간신 요압에게 일생을 끌려다니며 실질적인 싸움에서 졌습니다. 여호와의 기름 부은 자의 순종과 성결이 가장 중요하며, 아무리 외적인 열매가 많아도 내적인 거룩이 없으면 아무 소용이 없습니다. 그래서 우리는 예수님이 필요합니다. 내 힘으로 죄를 이기려고 노력하기보다는 하나님께 나아가 회개하고, 예배를 중수하여 내적 성전을 강력하게 세워가야 합니다.

주제 본문 큐티 예시
사무엘하 12:13-31

진정한 회개의 응답
이효숙

본문 요약

다윗은 나단에게 여호와께 죄를 범했다고 고백하고, 나단은 다윗이 낳은 아이가 죽을 것이라고 말합니다. 아이를 위하여 금식하고 기도하던 다윗은 말씀대로 아이가 죽자 음식을 먹습니다. 다윗은 밧세바를 위로하고 동침하여 솔로몬을 낳습니다. 또한 다윗이 암몬 자손의 랍바를 쳐서 승리합니다.

질문하기

1. 왜 다윗은 나단에게 자신이 여호와께 죄를 범했다고 했을까? (13절)
2. 왜 다윗은 아이가 죽었다는 말에 일어나 몸을 씻고 음식을 먹었을까? (20절)

묵상하기

1. 왜 다윗은 나단에게 자신이 여호와께 죄를 범했다고 했을까? (13절)

다윗은 밧세바 사건을 겪으면서 자신이 죄를 지을 수밖에 없는 죄인임을 깨달았습니다. 그전에도 회개한 다윗이지만, 밧세바와 간음하고 우리아를 죽이는 죄를 범한 뒤에는 자신의 내면을 직면하는 회개로 바뀌었습니다. 그래서 나단의 책망에 즉각적으로 회개하고 자신이 죄를 지었다는 고백이 나온 것 같습니다.

저는 돈 많은 남편과 결혼해 유학을 다녀오고 아이를 낳으며 세상에 젖어 살았습니다. 그러다 남편의 바람 사건을 겪으면서 예배를 사모하고 큐티도 열심히 하게 되었습니다. 그러나 공동체에서 힘든 일을 겪는 지체들에 대해서는 학벌과 물질을 가진 내가 도와야 할 사람이라고만 생각했습니다. 오직 남편이 가정으로 빨리 돌아와 예전처럼 행복한 가정을 이뤄야 한다는 생각에 사로잡혀 말씀을 보면서도 영혼 구원을 위한 사명을 찾기보다는 가진 것을 누리는 데 취해 있었습니다. 그러다 남편의 여자 문제가 7년 넘게 지속되는 것을 알았고, 그 사건을 통해 나 자신의 죄를 직면하게 되었습니다.

'나는 왜 세상 많은 여자들이 겪는 남편의 외도 문제를 겪으면 안 된다고 생각하는가? 왜 성경 속 레아의 삶은 살지 않겠다고 발버둥을 치는가?' 하고 스스로에게 물으면서 내가 죄를 물처럼 먹고 마시는 존재이고, 뼛속까지 철저하게 교만한 죄인임을 깨닫게 되었습니다. 그동안 열심히 믿음 생활을 한다고 하면서도 성경을 무시하고, 하나님 나라 공동체를 무시했던 죄를 깨닫게 되자 "하나님, 제가 죄를 지었습니다"라는 고백과 함께 눈물의 회개가 터져 나왔습니다.

2. 왜 다윗은 아이가 죽었다는 말에 일어나 몸을 씻고 음식을 먹었을까? (20절)

다윗은 하나님이 징벌로 죽이시겠다는 아이를 위해 금식을 하며 기도했지만, 막상 아이가 죽었다는 소식을 듣자 몸을 씻고 음식을 먹으며 일상 생활로 돌아옵니다. 아이가 죽는 징벌을 받아들이지 못해서 금식한 것이 아니었습니다. 다윗은 하나님이 허락하신 때를 분별해 자신의 죄 때문에 애통해 하고, 눈물을 흘릴 때와 일어나 몸을 씻고 음식을 먹을 때를 분별합니다.

죄에 대한 징벌로 남편의 이중생활은 20년 넘게 지속되고, 그 사이 남편의 사업이 부도가 나서 감옥에 다녀오기도 했습니다. 큰아들은 가출을 하고 학교에 적응하지 못해 고등학교를 자퇴했고, 작은아들도 ADHD(주의력결핍 과잉행동장애)로, 아침마다 학교에 보내려면 매일 백번은 깨워야 했습니다. 죄를 회개하게 된 저는 사건이 올 때마다 하나님께 울며 내 죄에 대해 애통하게 되었습니다. 그러나 징벌을 받은 것에 대해서는 담담하게 현실을 받아들이고, 이 고난의 약재료로 같은 고난을 겪는 지체들을 위로하게 되었습니다. 주변에서는 제 얼굴이 고난을 겪는 사람의 얼굴 같지 않게 밝다고들 하는데, 하나님이 주신 징벌에 순종하기 때문인 것 같습니다.

적용하기
- 가정이나 공동체에서 나를 책망하는 사건이 올 때마다 내 죄를 생각하고 "내가 여호와께 범죄했나이다"라는 고백을 하겠습니다.
- 내가 받은 징벌의 사건들이 하나님의 응답임을 신뢰하며 지체들에게 사랑으로 나누겠습니다.

기도하기
하나님을 믿는다고 하면서도 제가 어떤 죄인인지 몰라 징벌 받는 것을 두려워만 했습니다. 고난의 사건을 허락하셔서 저 자신을 직면하는 회개를 하게 해 주시고, 죄에 대한 징벌을 주신 하나님을 신뢰하게 하심에 감사드립니다. 정죄감에 시달리는 가족과 지체들을 위로하는 사람이 되게 하옵소서.

돌아보기 Nursing
주제 도서 읽고 나누기

- 『내면세계의 질서와 영적 성장』(고든 맥도날드, IVP)을 읽고, 독후감을 작성해 봅시다.

살아내기 Keeping
한 주의 실천 과제와 매일 큐티

- **생활숙제** 다윗이 밧세바를 범하고 우리아를 죽인 죄를 은폐했던 것처럼 아직까지 고백하지 못한 죄가 있다면, 하나님께 드리는 편지글 형식으로 고백해 봅시다.
- **매일 큐티** 매일 큐티를 통해 한 주간 나 자신과 가정, 공동체를 어떻게 지키려 했는지 돌아봅시다.

성구 암송과 교리 요약

성령의 새롭게 하심

10하나님이여 내 속에 정한 마음을 창조하시고 내 안에 정직한 영을 새롭게 하소서 11나를 주 앞에서 쫓아내지 마시며 주의 성령을 내게서 거두지 마소서 **시편 51:10-11**

회개는 죄를 깨닫게 하는 성령 사역의 결과로 나타나며, 죄에 대한 경건한 슬픔입니다. 회개를 통해 성령의 능력으로 죄의 본성을 가진 옛 사람이 죽고 새 사람으로 거듭나게 됩니다.

나를 살리는 회개

16다윗이 그 아이를 위하여 하나님께 간구하되 다윗이 금식하고 안에 들어가서 밤새도록 땅에 엎드렸으니 **사무엘하 12:16**

회개는 죄를 미워하여 자발적으로 악에서 돌이키고 구원을 받을 수 있도록 준비시킵니다. 이 같은 회개는 그리스도를 본받아 거룩하고 변화된 삶으로 나아가게 합니다.

죄를 고백하는 회개의 언어야말로
가장 아름다운 언어입니다.

율법으로 인해 자신의 죄를 알고 절망해가니,
율법은 거룩하고 의롭고 선한 것입니다

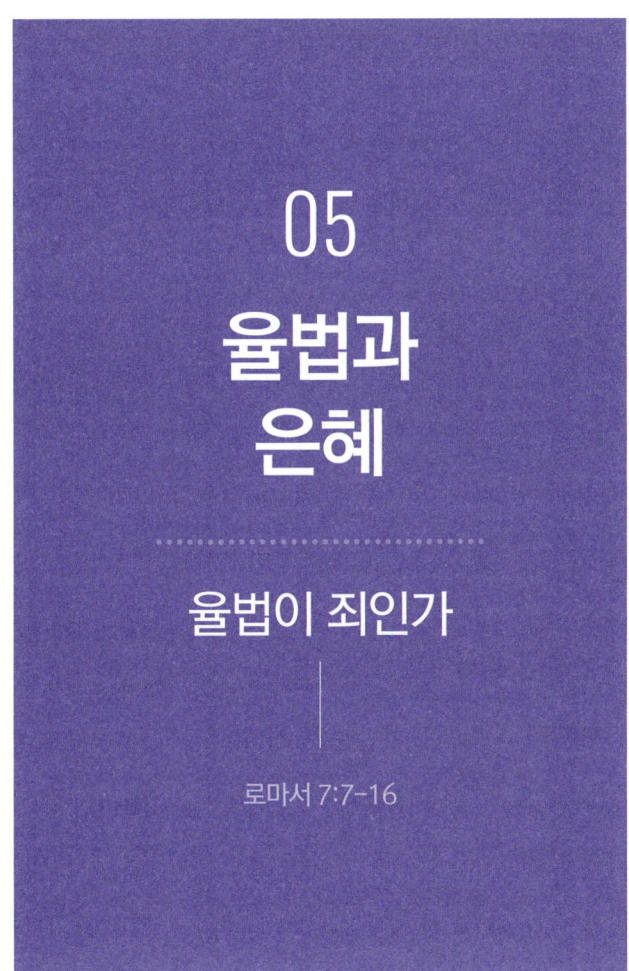

05 | 율법과 은혜
율법이 죄인가 로마서 7:7-16

마음 열기 Telling
마음을 열고 생각을
나누는 시간

- 미처 몰랐던 자신의 잘못을 말씀을 통해 깨달은 적이 있습니까?
- 주일/수요 설교를 듣고 느낀 점을 나눠 봅시다.

말씀 읽기 Holifying
깊은 묵상을 위한 질문과 답

1. 율법은 죄를 보게 하는 거울 로마서 5:20

20 율법이 들어온 것은 범죄를 더하게 하려 함이라 그러나 죄가 더한 곳에 은혜가 더욱 넘쳤나니

- 죄가 더한 곳에 은혜가 더욱 넘친다는 것은 무슨 뜻입니까? (20절)

2. 하나님이 예비하신 의의 길 로마서 3:21

21이제는 율법 외에 하나님의 한 의가 나타났으니 율법과 선지자들에게 증거를 받은 것이라

- 율법 외에 나타난 한 의(義)는 누구를 가리키고, 그로 인해 무엇이 달라집니까? (21절)

_____

_____

_____

🌱 내 인생을 변화시킨 '그러나 이제는'의 간증이 있습니까? 이제는 달라진 삶으로 다른 이들에게 새로운 길 되신 하나님의 의를 증거하고 있습니까? 내 신앙은 아직 율법 아래 있습니까, 아니면 복음 아래 있습니까?

3. 하나님 사랑, 이웃 사랑의 율법 마태복음 22:35-40

35그중의 한 율법사가 예수를 시험하여 묻되 36선생님 율법 중에서 어느 계명이 크니이까 37예수께서 이르시되 네 마음을 다하고 목숨을 다하고 뜻을 다하여 주 너의 하나님을 사랑하라 하셨으니 38이것이 크고 첫째 되는 계명이요 39둘째도 그와 같으니 네 이웃을 네 자신같이 사랑하라 하셨으니 40이 두 계명이 온 율법과 선지자의 강령이니라

1) 율법사는 왜 예수님에게 어느 계명이 큰지 물었습니까?
　(35-36절)

_____

_____

_____

2) 예수님은 율법사의 질문에 어떻게 답하셨습니까? (37-40절)

_____

_____

_____

4. 건강한 성도의 세 가지 기준 로마서 7:14-25

14 우리가 율법은 신령한 줄 알거니와 나는 육신에 속하여 죄 아래에 팔렸도다 15 내가 행하는 것을 내가 알지 못하노니 곧 내가 원하는 것은 행하지 아니하고 도리어 미워하는 것을 행함이라 16 만일 내가 원하지 아니하는 그것을 행하면 내가 이로써 율법이 선한 것을 시인하노니 17 이제는 그것을 행하는 자가 내가 아니요 내 속에 거하는 죄니라 18 내 속 곧 내 육신에 선한 것이 거하지 아니하는 줄을 아노니 원함은 내게 있으나 선을 행하는 것은 없노라 19 내가 원하는 바 선은 행하지 아니하고 도리어 원하지 아니하는 바 악을 행하는도다 20 만일 내가 원하지 아니하는 그것을 하면 이를 행

하는 자는 내가 아니요 내 속에 거하는 죄니라 21 그러므로 내가 한 법을 깨달았노니 곧 선을 행하기 원하는 나에게 악이 함께 있는 것이로다 22 내 속사람으로는 하나님의 법을 즐거워하되 23 내 지체 속에서 한 다른 법이 내 마음의 법과 싸워 내 지체 속에 있는 죄의 법으로 나를 사로잡는 것을 보는도다 24 오호라 나는 곤고한 사람이로다 이 사망의 몸에서 누가 나를 건져내랴 25 우리 주 예수 그리스도로 말미암아 하나님께 감사하리로다 그런즉 내 자신이 마음으로는 하나님의 법을 육신으로는 죄의 법을 섬기노라

1) 내가 원하는 것은 행하지 않고, 미워하는 것을 행하는 이유는 무엇입니까? (15절)

2) 바울은 자신의 모습(지체) 속에서 무엇을 바라보고 있습니까? (22-23절)

3) 바울은 왜 "누가 나를 건져내랴" 하고 탄식했습니까? (24-25절)

주제 본문
로마서 7:7-16

7그런즉 우리가 무슨 말을 하리요 율법이 죄냐 그럴 수 없느니라 율법으로 말미암지 않고는 내가 죄를 알지 못하였으니 곧 율법이 탐내지 말라 하지 아니하였더라면 내가 탐심을 알지 못하였으리라 8그러나 죄가 기회를 타서 계명으로 말미암아 내 속에서 온갖 탐심을 이루었나니 이는 율법이 없으면 죄가 죽은 것임이라 9전에 율법을 깨닫지 못했을 때에는 내가 살았더니 계명이 이르매 죄는 살아나고 나는 죽었도다 10생명에 이르게 할 그 계명이 내게 대하여 도리어 사망에 이르게 하는 것이 되었도다 11죄가 기회를 타서 계명으로 말미암아 나를 속이고 그것으로 나를 죽였는지라 12이로 보건대 율법은 거룩하고 계명도 거룩하고 의로우며 선하도다 13그런즉 선한 것이 내게 사망이 되었느냐 그럴 수 없느니라 오직 죄가 죄로 드러나기 위하여 선한 그것으로 말미암아 나를 죽게 만들었으니 이는 계명으로 말미암아 죄로 심히 죄되게 하려 함이라 14우리가 율법은 신령한 줄 알거니와 나는 육신에 속하여 죄 아래에 팔렸도다 15내가 행하는 것을 내가 알지 못하노니 곧 내가 원하는 것은 행하지 아니하고 도리어 미워하는 것을 행함이라 16만일 내가 원하지 아니하는 그것을 행하면 내가 이로써 율법이 선한 것을 시인하노니

해석하기 Interpreting

구속사로 생각하기

1. 율법은 죄를 알게 합니다(7절).

율법 자체는 죄가 아니라고 바울은 단언합니다. 십계명의 첫 번째 계명부터 아홉 번째 계명까지가 외적인 죄라면, 마지막 열 번째 계명 '탐내지 말라'는 내면의 죄를 말합니다. 비중이 약해서 맨 마지막에 언급한 것이 아니라 하나님 외에 다른 신을 섬기고, 안식일을 어기고, 부모를 공경하지 않고, 살인하고, 도적질하고, 간음하는 모든 죄가 탐심에서 비롯되기 때문입니다. 외적인 행동과 언어로는 나타나지 않을지라도 내 속에 있는 '탐심'이 죄라는 것을 율법이 알려 줍니다. 육신은 죄의 도구이고 그 결과는 죽음입니다. 죄는 율법을 통해 드러납니다. 간음은 음란이 드러난 것이고, 살인은 미움이 드러난 것입니다.

2. 율법은 죄는 살리고 나는 죽입니다(8-11절).

율법은 죄를 알려 주지만, 죄가 율법을 거점으로 삼아 탐심을 이룹니다. 율법이 하지 말라고 하니까 더 호기심이 생겨서 죄를 짓게 되었다는 말입니다. 그렇다고 율법이 잘못은 아닙니다. 율법은 단지 거점이 되었을 뿐 내 속에는 이미 죄성이 있습니다. 바울은 계명이 이르지 않았을 때는 죄의식도 없고 자기 뜻대로 살았지만, 계명이 이르매 죄가 살아나고 내가 죽었다고 합니다. 아무리 율법을 알아도 계명으로 '나에게' 이르러야 내가 죽을 수 있습니다. 성경 지식이 아닌 나에게 일러 주신 하나님의 말씀이 있어야 내 죄를 깨닫고, 죄는 살아나고 나는 죽는 은혜가 임하는 것입니다. 죄에 대한 감각이 없어서 회개하지 못하고 죽어 갈 우리에게 예수님이 오셔서 감각이 살아났습니다. 계명이 나에게 이르러야 도덕과 윤리를 넘어서는 죄를 알게 되고 내 죄 때문에 애통하게 됩니다.

3. 율법은 선한 것입니다 (12-16절).

율법으로 인해 자신의 죄를 알게 되고 절망해 가니, 율법은 거룩하고 의롭고 선한 것입니다. 내 뜻과 감정을 따라 행했다가 실패를 맛보고 나면 말씀의 선한 것을 시인하게 됩니다. 실패를 통해 세상의 어떤 가치보다 말씀이 우선이라는 것을 인정하게 됩니다. 선한 율법으로 내 속의 죄와 더러움을 보게 되면, 나도 싫은 나 자신에 대해 죽을 것 같은 절망감을 느낍니다. 자기 죄로 멸망하는 것이나 자기 죄를 똑바로 직시하는 것은 똑같은 고통이지만, 그것을 인정하는 것만이 살길입니다. 인간의 전적 타락과 전적인 하나님의 주권을 믿는다면, 이 땅에서 겸손할 수밖에 없는 환경이 축복입니다. 율법을 통해 내 죄가 살아나는 은혜를 경험하고, 내가 아무것도 할 수 없는 죄인이기에 삶의 모든 영역에서 하나님만 의지하고 전심으로 사랑하는 것, 이것이 바로 율법의 정신입니다. 그래서 율법의 완성은 사랑입니다.

주제 본문 큐티 예시
로마서 7:7-16

율법으로 드러난 죄   김부경

본문 요약
율법은 죄가 아닙니다. 율법이 아니면 죄를 알지 못한 채 내 속에서 온갖 탐심을 이룹니다. 율법을 깨닫지 못했을 때는 내가 죄 속에 살았고, 계명이 이를 때 나는 죽었다고 합니다. 결국 율법도, 계명도 거룩하고 의로우며 선합니다. 율법은 신령하며 나는 육신에 속해 죄 아래 팔려 도리어 내가 미워하는 것을 행함으로써 율법이 선하다고 시인하게 됩니다.

질문하기
1. 왜 율법이 탐내지 말라고 하지 않았다면 탐심을 알지 못했을 거라고 할까? (7절)
2. 왜 율법이 신령한 줄 알면서도 육신에 속해 죄 아래 팔렸다고 할까? (14절)

묵상하기
1. 왜 율법이 탐내지 말라고 하지 않았다면 탐심을 알지 못했을 거라고 할까? (7절)
십계명의 아홉 가지 계명은 외적인 죄를 언급하고, 마지막 열 번째 계명에서 '탐내지 말라'는 내면의 죄를 언급합니다. 탐심은 내적 악행이라고 할 수 있습니다. 하나님 외에 다른 신을 섬기고, 안식일을 어기고, 부모를 공경하지 않고, 살인하고, 도적질하고, 간음하는 모든 죄가 탐심에서 비롯되기 때문입니다.

어릴 적 아버지에 대한 두려움과 배다른 형제들보다 못한 대우를 받는다는 열등감 속에서 분노와 혈기를 키우며 살았습니다. 남보다 인정받기 위해 물질을 좇아 세상의 성공을 맛보던 때 IMF로 사업이 부도나고, 건강 악화 속에 이혼을 하고 재혼을 했습니다.

그러나 재혼 후 아들의 양육 문제로 또다시 이혼의 위기를 맞는 등 제 삶은 평탄하지 않았습니다. 그때 교회 공동체에서 말씀으로 인생이 해석되니 가정 또한 회복이 되어 갔습니다. 그렇게 하나님을 만난 뒤 친구가 시작한 운수 회사에 들어가 큰 인정을 받았습니다. 하지만 이미 제 속에 죄성이 있었기에 슬그머니 뿌리내린 탐심을 율법이 휘저어 놓아 이생의 자랑에서 육신의 정욕으로 옮겨 술을 마시고 성적 쾌락에 빠져 살게 되었습니다. 율법으로 죄인 것을 알았기에 교회 소그룹에서 몇 번 오픈을 했지만, 예수 그리스도의 은혜로 한 것은 아니었습니다. 내 속에서 조금도 끊고 싶지 않은 음란의 죄악을 율법으로 깨달았을 뿐입니다.

2. 왜 율법이 신령한 줄 알면서도 육신에 속해 죄 아래 팔렸다고 할까? (14절)
율법이 신령한 줄 안다는 것은 말씀을 모를 때는 죄를 짓지 말아야 한다는 생각을 못했는데, 하나님을 믿고 그 말씀이 옳다는 것을 알기 때문에 죄를 지으면서도 안 지어야겠다는 생각을 한다는 것입니다. 우리는 육신에 속해 있는 100% 죄인이기에 죄를 지을 수밖에 없습니다.

1년 전부터 환경이 편해지니 회사 여직원에게 눈길이 갔습니다. 음욕을 품기만 해도 간음이라고 하셨는데, 저는 그 말씀을 무시했습니다. 거절하지 못하는 여직원을 상대로 성적 농담을 하고, 몇 번 만나 적절하지 못한 행동을 했습니다. 예수 그리스도의 사랑으로 거듭났음에도 여전히 되었다 함이 없는 모습으로 육신의 지배를 받아 또다시 죄에 팔린 것입니다.

얼마 전 고등학교 3학년 아들이 학교에서 여학생과 신체적으로 접촉한 일이 있었고, 공동체 지체의 회사 내 여직원 성추행 사건이 있었습니다. 이렇게 영적 문둥병으로 감각 없이 회개하지 못하고 죽어 가던 제게 예수님이 찾아오셨습니다. 그렇게 내 죄에 대한 감각이 살아나니 절망의 고통 속에서 죽을 것만 같았습니다. 이런 수치를 나 하나만 입 다물면 조용히 넘어갈 수 있다고 생각했지만, 죄가 살아나고 나는 죽어야 하기에 남편으로서, 아버지로서 자녀들에게 믿음의 계보를 물려주고 싶은 간절한 마음으로 죄를 고백했습니다.

율법은 선하기에 십자가를 통해 나를 죽게 만들었습니다. 아내에게 치욕적인 말을 듣고도 아무 말 못하는 제 신세가 처량했지만, "율법이 죄냐 그럴 수 없느니라"(7절)라고 율법이 복음으로 다가와 죄를 알려 주셨습니다. 앞으로 하나님을 사랑하고 공동체에서 신뢰를 받아 거룩하게 성화를 이뤄가며, 율법의 선한 것을 시인하는 자가 되겠습니다.

적용하기
- 율법의 선한 말씀으로 죄가 살아나고 나는 죽기 위해 매일 큐티를 빠짐없이 하겠습니다.
- 징벌을 당해서라도 나의 음란을 끊고자 공동체에서 오픈하고, 여직원에게 용서를 구한 뒤 회사를 그만두겠습니다.

기도하기

십자가의 사랑만이 율법이 되고 죄가 살아남는 것을 깨달으라고 주신 아들의 사건과 목장 지체의 사건을 통해 나의 음란죄를 회개합니다. 율법이 십자가 사랑 안에서 선하다는 것을 시인하게 하시고 복음으로 다가와 승리할 수 있도록 은혜 베풀어 주심에 감사합니다. 징벌을 잘 받고 주의 인도하심을 따르는 자가 되도록 도와주옵소서.

돌아보기 Nursing
주제 도서 읽고 나누기

- 『모든 남자의 참을 수 없는 유혹』(스티븐 아터번 외 2명, 좋은씨앗)을 읽고, 독후감을 작성해 봅시다.

살아내기 Keeping
한 주의 실천 과제와 매일 큐티

- **생활숙제** 남자 - 성적 자극으로부터 눈을 피하는 훈련을 구체적으로 해 보고 느낀 점을 작성해 봅시다.
  여자 - 배우자를 다른 사람과 비교하는 모습은 없는지 돌아본 후, 배우자와 진정으로 연합하기 위해 구체적으로 적용해야 할 점을 작성해 봅시다.
- **매일 큐티** 매일 큐티를 통해 한 주간 나 자신과 가정, 공동체를 어떻게 지키려 했는지 돌아봅시다.

성구 암송과 교리 요약

절망의 고백이 있는 성도
24 오호라 나는 곤고한 사람이로다 이 사망의 몸에서 누가 나를 건져내랴 **로마서 7:24**

하나님은 예수 그리스도의 대속적인 죽음으로 그를 믿는 모든 자의 죄와 형벌을 용서하시고, 그리스도를 아는 지식과 은혜 가운데 자라게 하십니다.

죄는 살리고 나는 죽이는 율법
9 전에 율법을 깨닫지 못했을 때에는 내가 살았더니 계명이 이르매 죄는 살아나고 나는 죽었도다 **로마서 7:9**

하나님의 말씀을 모르면 죄를 지었어도 죄의식도 없이 내 뜻대로 살지만, 말씀이 임하면 죄가 무엇인지를 깨닫고 나는 죽는 은혜를 경험합니다.

하나님께서 나를 미리 아시고 정하시고 부르시고 의롭게 하시고
영화롭게 하시기 때문에 결국에는 승리합니다.

06
보혜사 성령

결국은 승리합니다

로마서 8:31-39

THINK

06 | 보혜사 성령
결국은 승리합니다 로마서 8:31-39

마음 열기 Telling
마음을 열고 생각을
나누는 시간

- 하나님이 내 편이라는 것이 믿어집니까? 아니면 남의 편처럼 느껴집니까?
- 주일/수요 설교를 듣고 느낀 점을 나눠 봅시다.

말씀 읽기 Holifying
깊은 묵상을 위한 질문과 답

1. 생명의 성령의 법 로마서 8:1-2

1그러므로 이제 그리스도 예수 안에 있는 자에게는 결코 정죄함이 없나니 2이는 그리스도 예수 안에 있는 생명의 성령의 법이 죄와 사망의 법에서 너를 해방하였음이라

- 그리스도 예수 안에 있는 자에게 정죄함이 없다는 것은 무슨 뜻입니까? (1절)

_____

_____

_____

✼ 나를 정죄하고 남을 심판하며 우울함과 분노와 사망의 법에 사로잡혀 있습니까? 내가 하나님의 심판에서 해방되었기에 누구도 심판하지 않으며 내 잘못을 인정하는 생명의 법으로 살고 있습니까?

2. 영의 생각은 생명과 평안 로마서 8:5-6

5 육신을 따르는 자는 육신의 일을, 영을 따르는 자는 영의 일을 생각하나니 6 육신의 생각은 사망이요 영의 생각은 생명과 평안이니라

- 육신의 생각과 영의 생각은 구체적으로 어떤 것을 말합니까? (5-6절)

_____

_____

_____

3. 죽을 몸도 살리시는 성령 로마서 8:9-10

9만일 너희 속에 하나님의 영이 거하시면 너희가 육신에 있지 아니하고 영에 있나니 누구든지 그리스도의 영이 없으면 그리스도의 사람이 아니라 10또 그리스도께서 너희 안에 계시면 몸은 죄로 말미암아 죽은 것이나 영은 의로 말미암아 살아 있는 것이니라

- 죄로 말미암아 죽은 몸이 어떻게 살아납니까? (10절)

___

___

___

✿ 위기에 처한 가정, 직장, 이웃에게 무엇보다도 그리스도의 영이 임하기를 기도합니까? 개선된 환경, 개선된 나 자신이 아니라 그리스도 안에서 죽었다가 살아난 새 생명으로 세상이 놀라는 순종과 헌신을 보여주고 있습니까?

4. 몸을 죽이고 영으로 사는 사람 로마서 8:11-13

11 예수를 죽은 자 가운데서 살리신 이의 영이 너희 안에 거하시면 그리스도 예수를 죽은 자 가운데서 살리신 이가 너희 안에 거하시는 그의 영으로 말미암아 너희 죽을 몸도 살리시리라 12그러므로 형제들아 우리가 빚진 자로되 육신에게 져서 육신대로 살 것이 아니라 13너희가 육신대로 살면 반드시 죽을 것이로되 영으로써 몸의 행실을 죽이면 살리니

1) 죽을 몸을 어떻게 살리십니까? (11절)

2) 하나님의 사랑에 빚진 자입니까, 육신에 빚진 자입니까? (12절)

3) 영으로 몸의 행실을 죽이려면 어떻게 해야 합니까? (13절)

🌱 욕심과 게으름 덩어리인 육신에 져서 말씀이 아닌 육신대로 살고 있습니까? 먹고 싶고, 입고 싶은 본능을 지나쳐 더 잘 먹고, 더 가지려는 몸의 행실은 무엇입니까? 큐티하면서 말씀으로 몸의 행실을 죽이고 살아난 간증이 있습니까?

5. '아빠'라고 부르짖게 하는 양자의 영 로마서 8:14-16

14무릇 하나님의 영으로 인도함을 받는 사람은 곧 하나님의 아들이라 15너희는 다시 무서워 하는 종의 영을 받지 아니하고 양자의 영을 받았으므로 우리가 아빠 아버지라고 부르짖느니라 16성령이 친히 우리의 영과 더불어 우리가 하나님의 자녀인 것을 증언하시나니

- 양자의 영을 받은 자는 무엇이 다릅니까? (15절)

_____

_____

_____

6. 성도의 연약함을 도우시고 간구하시는 성령님 로마서 8:26-27

26이와 같이 성령도 우리의 연약함을 도우시나니 우리는 마땅히 기도할 바를 알지 못하나 오직 성령이 말할 수 없는 탄식으로 우리를 위하여 친히 간구하시느니라 27마음을 살피시는 이가 성령의 생각을 아시나니 이는 성령이 하나님의 뜻대로 성도를 위하여 간구하심이니라

1) 왜 우리는 마땅히 기도할 바를 알지 못한다고 합니까? (26절)

2) 성령님은 어떻게 성도의 마음을 아시고 간구합니까? (27절)

주제 본문
로마서 8:31-39

31 그런즉 이 일에 대하여 우리가 무슨 말 하리요 만일 하나님이 우리를 위하시면 누가 우리를 대적하리요 32 자기 아들을 아끼지 아니하시고 우리 모든 사람을 위하여 내주신 이가 어찌 그 아들과 함께 모든 것을 우리에게 주시지 아니하겠느냐 33 누가 능히 하나님께서 택하신 자들을 고발하리요 의롭다 하신 이는 하나님이시니 34 누가 정죄하리요 죽으실 뿐 아니라 다시 살아나신 이는 그리스도 예수시니 그는 하나님 우편에 계신 자요 우리를 위하여 간구하시는 자시니라 35 누가 우리를 그리스도의 사랑에서 끊으리요 환난이나 곤고나 박해나 기근이나 적신이나 위험이나 칼이랴 36 기록된 바 우리가 종일 주를 위하여 죽임을 당하게 되며 도살당할 양같이 여김을 받았나이다 함과 같으니라 37 그러나 이 모든 일에 우리를 사랑하시는 이로 말미암아 우리가 넉넉히 이기느니라 38 내가 확신하노니 사망이나 생명이나 천사들이나 권세자들이나 현재 일이나 장래 일이나 능력이나 39 높음이나 깊음이나 다른 어떤 피조물이라도 우리를 우리 주 그리스도 예수 안에 있는 하나님의 사랑에서 끊을 수 없으리라

해석하기 Interpreting
구속사로 생각하기

1. 아무도 대적할 자가 없습니다(31절).

하나님께서는 나를 미리 아시고 정하시고 부르시고 의롭게 하시고 영화롭게 하시기 때문에 결국에는 승리합니다. 구원 받은 하나님의 자녀들이 자신의 신분을 알지 못하면 사탄의 공격에 떨고 두려워하고 근심하며 불안해 합니다. 그러나 자신의 아들까지도 아끼지 않고 내어 주신 하나님의 사랑 때문에 아무도 우리를 대적할 수 없습니다. 이것을 안다면 그때부터 모든 것이 훈련되어 성숙과 성화를 지나 영화에 이르게 됩니다.

2. 아무도 정죄할 자가 없습니다(34절).

하나님이 나를 영화롭게 하시는 과정에 그치지 않는 고발과 정죄가 있습니다. 그 때문에 성도는 말씀대로 살지 못하는 가책이 있을 수 있습니다. 끊지 못하는 죄로 인해 잔뜩 주눅이 들어 있을 때 다 소용없다고 자꾸만 나를 고발합니다. 그러나 하나님이 나를 의롭다 하시고, 나를 위해 죽으시고 다시 사신 그리스도가 계십니다. 그리스도 예수께서 하나님 우편에 앉아 우리를 위해 탄식하며 간구하시기 때문에 우리에게 아무리 끊지 못하는 죄가 있더라도 우리는 구원 받은 자입니다. 그 하나님으로 인해 나를 고발하고 정죄할 자가 없습니다. 이것이 복음의 비밀입니다.

3. 아무도 그리스도의 사랑에서 끊을 수 없습니다(35-39절).

구원을 받은 우리에게도 환난, 곤고, 박해, 기근, 적신, 위험, 칼이 있습니다(35절). 성화에서 영화로 가면 고난이 다 없어질 거라고 착각을 하는데 그렇지 않습니다. 율법의 완성은 사랑이기에 그 사랑이 오면 이 모든 것을 넉넉히 이깁니다. 현재의 고난은 장차 우리에게 나타날 영광과 비교할 수 없다고 합니다. 현재는 예수님의 초림에서 재림까지의 시간을 말합니다. 수십 년 고난을 당해도 현재의 고난이고, 내 고난은 잠깐입니다. 현재의 고난을 생각하고 앞으로 나타날 영광과 비교하라고 하십니다.

주제 본문 큐티 예시
로마서 8:31-39

아버지의 십자가 사랑   권영미

본문 요약
자기 아들을 아끼지 않고 모든 사람을 위해 내어 주신 하나님의 사랑으로 말미암아 누구도 대적할 자가 없고, 정죄할 자도 없습니다. 죽임을 당하고 도살당할 양같이 여김을 받을 환경에 처하더라도 예수 안에 있는 하나님의 사랑에서 끊을 자가 없기에 넉넉히 이길 수 있습니다.

질문하기
1. 왜 "누가 대적하리요, 누가 정죄하리요"라고 했을까? (31, 34절)
2. 왜 그리스도 예수 안에 있는 하나님의 사랑에서 끊을 수 없다고 했을까? (39절)

묵상하기
1. 왜 "누가 대적하리요, 누가 정죄하리요"라고 했을까? (31, 34절)
하나님이 택하신 자들은 종일 주를 위해 죽임을 당하고 도살할 양같이 여김을 받는 시험에 있을 수밖에 없지만(36절), 우리를 위해 간구해 주시는 성령께서 함께해 주시므로 결국은 승리하는 인생으로 견인해 가십니다. 내 편인 줄만 알았던 남편이 외도를 하고, 나를 정죄하고 고발하는 사건을 통해 영원히 내 편이신 주님을 만나게 되었습니다.

하지만 더 이상은 못 견디겠다고 제가 진 십자가에서 내려와 도망하고 싶을 때가 있었고, 그때마다 주님은 아버지가 평생 막장에서 짊어지셨던 무거운 철근과 다이너마이트를 생각나게 하셨습니다. 예수도 모르고 돌아가신 아버지를 생각할 때마다 늘 쓸쓸하고 슬펐는데, 제 인생에서 가장 도망치고 싶었던 순간에 아버지를 통해 저를 주께 돌이키게 해 주셨고, 우리 집의 구속사를 위해 아버지가 얼마나 수고하셨는지를 깨닫게 해 주셨습니다. 아버지보다 선한 것이 없는데 저와 동행해 주시는 주님을 생각할 때마다 제가 얼마나 형편없는 딸이었고, 아내였고, 엄마였는지를 회개하게 해 주셔서 그때마다 제 고난이 참 마땅하게 여겨졌습니다. 아버지는 예수도 없이 홀로 간 길을 저는 예수님이 함께하시기에 잘 감당하고 가겠다는 눈물의 신앙고백을 드릴 때마다 남편을 정죄하고, 저를 정죄하는 사슬에서 풀어 주신 것 같습니다.

2. 왜 그리스도 예수 안에 있는 하나님의 사랑에서 끊을 수 없다고 했을까? (39절)
사도 바울은 환난이나 곤고나 박해나 기근이나 적신이나 위험에 있을지라도 우리를 사랑하시는 이로 말미암아 넉넉히 이길 것을 확신하고 있습니다(35, 37절).
　어릴 때부터 말을 더듬으면서 상처와 열등감으로 살았기에 불안과 분노로 똘똘 뭉쳐 저도 죽고, 가족도 죽이며 살았을 인생이었을 텐데 하나님은 남편의 외도로 말미암아 제 어린 시절을 구속사로 해석해 주셨습니다. 오직 하나님 아버지를 잘 만난 덕에 감추고 싶고, 도망가고 싶던 그 사건들을 저를 영화롭게 하는 사건들로 바꿔 주셨습니다. 상처가 별이 되게 하시니 더 이상 제 고난에 부끄러워하지 않고 약재료로 사용할 수 있게 해 주신 것입니다. 물론 아직 회복하지 못한 부부 관계와 정상적인 생활을 하지 못하는 큰아들을 보면 낙망이 될 때가 있습니다. 그러나 형편없는 저를 구원해 주신 주님이 우리 가정과 아들을 구원해 주시리라는 확신으로 절망의 탄식이 소망의 탄식으로 바뀝니다.

제 상처와 수치의 과거를 영화롭게 바꿔 주신 주님이 제 현재와 미래도 성화로 이끄실 것을 믿기에 어떤 사건이 와도 결국은 승리하는 저와 저희 가정이 될 줄 믿습니다.

적용하기
- 남편과 관계를 회복하기 위해 다정하게 말을 건네고 남편의 말을 경청하겠습니다.
- 아들이 자기 방에 못 들어오게 하는데, 아들의 방에 일주일에 한 번은 들어가 청소도 하고 대화를 시도해 보겠습니다.

기도하기
하나님 아버지, 저 한 사람의 상처로 인해 온 가족이 병들어 가는 것을 모르고 저도 죽고 가족도 죽게 하던 죄인이었음을 용서해 주옵소서. 친정아버지의 삶을 통해 내 죄가 고난보다 무겁다는 것을 깨닫게 해 주시니 감사합니다. 현재의 고난이 장차 받을 영광에 족히 비교할 수 없다고 하셨사오니 남편의 질서에 온전히 순종함으로 아들의 문제를 한마음으로 주께 맡기는 부모가 될 수 있도록 도와주옵소서.

돌아보기 Nursing
주제 도서 읽고 나누기

- 『이것이 성령님이다』(A.W.토저, 규장)를 읽고, 독후감을 작성해 봅시다.

살아내기 Keeping
한 주의 실천 과제와
매일 큐티

- **생활숙제** 믿음이 연약한 가족을 향한 탄식이 있습니까? 절규하면서도 소리를 못 내고 우는 탄식은 절망의 탄식이 아니라 희망의 탄식입니다. 가족을 생각하면서 뜨겁게 기도한 후, 성령의 탄식을 느끼며 가족을 위한 기도문을 작성해 봅시다.
- **매일 큐티** 매일 큐티를 통해 한 주간 나 자신과 가정, 공동체를 어떻게 지키려 했는지 돌아봅시다.

성구 암송과 교리 요약

성도의 연약함을 도우시고 간구하시는 성령님

26이와 같이 성령도 우리의 연약함을 도우시나니 우리는 마땅히 기도할 바를 알지 못하나 오직 성령이 말할 수 없는 탄식으로 우리를 위하여 친히 간구하시느니라 **로마서 8:26**

죄인에게 죄를 깨닫게 하고 그들을 중생시켜 하나님의 자녀로 만드시는 성령님은 우리로 하여금 그리스도를 닮은 성품과 섬김으로 인도하십니다.

끊을 수 없는 사랑의 승리

38내가 확신하노니 사망이나 생명이나 천사들이나 권세자들이나 현재 일이나 장래 일이나 능력이나 39높음이나 깊음이나 다른 어떤 피조물이라도 우리를 우리 주 그리스도 예수 안에 있는 하나님의 사랑에서 끊을 수 없으리라 **로마서 8:38-39**

하나님을 믿는다고 해서 우리의 환난이 끊어지는 것은 아닙니다. 오직 끊어지지 않는 것은 그리스도 예수 안에 있는 하나님의 사랑뿐입니다.

팔복은 구원을 주시는 하나님의 능력을 경험함으로
어떠한 환경에서도 주님 때문에 기뻐하며 천국을 누리는 것입니다.

07

제자도

팔복을 누리는 삶

마태복음 5:3-10

THINK

07 제자도
팔복을 누리는 삶 마태복음 5:3-10

마음 열기 Telling
마음을 열고 생각을 나누는 시간

- '복'이라고 하면 무엇이 먼저 떠오릅니까? 어떤 복을 받고 싶은지 나눠 봅시다.
- 주일/수요 설교를 듣고 느낀 점을 나눠 봅시다.

말씀 읽기 Holifying
깊은 묵상을 위한 질문과 답

1. 예배의 복 창세기 1:20-23

20 하나님이 이르시되 물들은 생물을 번성하게 하라 땅 위 하늘의 궁창에는 새가 날으라 하시고 21 하나님이 큰 바다 짐승들과 물에서 번성하여 움직이는 모든 생물을 그 종류대로, 날개 있는 모든 새를 그 종류대로 창조하시니 하나님이 보시기에 좋았더라 22 하나님이 그들에게 복을 주시며 이르시되 생육하고 번성하여 여러 바닷물에 충만하라 새들도 땅에 번성하라 하시니라 23 저녁이 되고 아침이 되니 이는 다섯째 날이니라

- 생육하고 번성하는 복은 무엇입니까? (22절)

_____

_____

_____

🌱 내가 품기로 결단해야 하는 힘든 사람은 누구입니까? 그들로 인해 하나님만 바라보는 복을 누리고 있습니까?

2. 팔복을 누리는 삶 마태복음 5:1-2

1 예수께서 무리를 보시고 산에 올라가 앉으시니 제자들이 나아온지라 2 입을 열어 가르쳐 이르시되

- 팔복을 누리기 위한 전제 조건은 무엇입니까? (1-2절)

_____

_____

_____

🌱 육신과 마음의 병 고침을 받고 예수께 나아갑니까? 건강해진 몸으로 나 자신을 위해 살면서 시간과 물질을 헌신하지 못하는 무리 속에 있지는 않습니까?

3. 화 있을진저의 삶 마태복음 23:13-32

13 화 있을진저 외식하는 서기관들과 바리새인들이여 너희는 천국 문을 사람들 앞에서 닫고 너희도 들어가지 않고 들어가려 하는 자도 들어가지 못하게 하는도다 14 (없음) 15 화 있을진저 외식하는 서기관들과 바리새인들이여 너희는 교인 한 사람을 얻기 위하여 바다와 육지를 두루 다니다가 생기면 너희보다 배나 더 지옥 자식이 되게 하는도다 16 화 있을진저 눈 먼 인도자여 너희가 말하되 누구든지 성전으로 맹세하면 아무 일 없거니와 성전의 금으로 맹세하면 지킬지라 하는도다 … 20 그러므로 제단으로 맹세하는 자는 제단과 그 위에 있는 모든 것으로 맹세함이요 21 또 성전으로 맹세하는 자는 성전과 그 안에 계신 이로 맹세함이요 22 또 하늘로 맹세하는 자는 하나님의 보좌와 그 위에 앉으신 이로 맹세함이니라 23 화 있을진저 외식하는 서기관들과 바리새인들이여 너희가 박하와 회향과 근채의 십일조는 드리되 율법의 더 중한 바 정의와 긍휼과 믿음은 버렸도다 그러나 이것도 행하고 저것도 버리지 말아야 할지니라 24 맹인 된 인도자여 하루살이는 걸러 내고 낙타는 삼키는도다 25 화 있을진저 외식하는 서기관들과 바리새인들이여 잔과 대접의 겉은 깨끗이 하되 그 안에는 탐욕과 방탕으로 가득하게 하는도다 26 눈 먼 바리새인이여 너는 먼저 안을 깨끗이 하라 그리하면 겉도 깨끗하리라 27 화 있을진저 외식하는 서기관들과 바리새인들이여 회칠한 무덤 같으니 겉으로는 아름답게 보이나 그 안에는 죽은 사람의 뼈와 모든 더러운 것이 가득하도다 28 이와 같이 너희도 겉으로는 사람에게 옳게 보이되 안으로는 외식과 불법이 가득하도다 29 화 있을진저 외식하는 서기관들과 바리새인들이여 너희는 선지자들의 무덤을 만들고 의인들의 비석을 꾸미며

이르되 30만일 우리가 조상 때에 있었더라면 우리는 그들이 선지자의 피를 흘리는 데 참여하지 아니하였으리라 하니 31그러면 너희가 선지자를 죽인 자의 자손임을 스스로 증명함이로다 32너희가 너희 조상의 분량을 채우라

1) 첫 번째 화는 무엇입니까? (13절)

_____

_____

🌱 다른 사람들이 천국에 들어가도록 돕고 있습니까, 아니면 학식이 부유해 천국 문을 닫고 있습니까? 모르면서 안다고 외식하는 것이 있습니까? 가족과 지체들에게 솔직합니까?

2) 두 번째 화는 무엇입니까? (15절)

_____

_____

🌱 영혼 구원을 위해 애통해 합니까? 하나님의 열심보다 지나친 특심으로 지옥 자식이 되게 하는 것이 있습니까? 영혼을 그리스도께 인도하지 않고 내 자식, 내 교인이 되게 하고 있지는 않습니까?

3) 세 번째 화는 무엇입니까? (16-22절)

_____

_____

_____

🌱 영혼 사랑에는 관심이 없이 금과 예물을 강조하지는 않습니까? 내 이익을 취하려고 말씀을 교묘히 해석하면서 잘못 적용하지는 않습니까? 내 잘못을 감추기 위해 외적인 경건으로 위장한 적은 없습니까?

4) 네 번째 화는 무엇입니까? (23-24절)

_____

_____

_____

🌱 의에 주리고 목마르지 않아서 정의와 긍휼과 믿음을 버리고 목숨을 거는 사소한 것이 무엇입니까? 주님의 경고에도 마음이 완고해 하나님께 돌아오지 못한 것이 있습니까? 병이 낫고 돈이 생기는 복이 아니라 믿음으로 가치관이 변하는 진정한 복을 누리고 있습니까?

5) 다섯 번째 화는 무엇입니까? (25-26절)

6) 여섯 번째 화는 무엇입니까? (27-28절)

7) 일곱 번째 화는 무엇입니까? (29-32절)

주제 본문
마태복음 5:3-10

3 심령이 가난한 자는 복이 있나니 천국이 그들의 것임이요 4 애통하는 자는 복이 있나니 그들이 위로를 받을 것임이요 5 온유한 자는 복이 있나니 그들이 땅을 기업으로 받을 것임이요 6 의에 주리고 목마른 자는 복이 있나니 그들이 배부를 것임이요 7 긍휼히 여기는 자는 복이 있나니 그들이 긍휼히 여김을 받을 것임이요 8 마음이 청결한 자는 복이 있나니 그들이 하나님을 볼 것임이요 9 화평하게 하는 자는 복이 있나니 그들이 하나님의 아들이라 일컬음을 받을 것임이요 10 의를 위하여 박해를 받은 자는 복이 있나니 천국이 그들의 것임이라

해석하기 Interpreting

구속사로 생각하기

1. 심령이 가난한 자가 복이 있습니다(3절).

'가난하다'는 '웅크리다'에서 유래한 말입니다. 스스로 할 수 있는 게 없어서 구걸에 의존해야 하는 사람, 괴롭힘과 고난을 당하고 더는 기댈 곳이 없는 사람, 겸손하려고 노력하지 않아도 겸손할 수밖에 없는 사람이 바로 주님이 말씀하시는 가난한 자입니다. 그래서 내 힘으로는 아무것도 할 수 없으니 이제 손들고 돌아오라고 가난하고 애통한 환경으로 몰아가시는 것이 복입니다.

2. 심령이 가난한 자는 애통하는 자입니다(4절).

애통함은 가까운 가족이 죽었을 때 느끼는 극한의 슬픔입니다. 내가 구걸할 수밖에 없는 자이고, 어쩔 수 없는 죄인임을 깨달을 때 애통함이 나오고 하나님의 위로를 받게 됩니다.

3. 가난하고 애통한 자는 온유한 자로 나아갑니다(5절).

'온유'는 짐승을 길들일 때 쓰는 말로, 내가 짐승만도 못하다는 것을 인정할 때 하나님께 길들여집니다. 하나님의 뜻대로 살고자 하는 사람이 온유한 사람이기에 진정한 온유는 성품이 아닙니다. 십자가를 경험한 온유는 나에게 많은 재주와 은사와 능력과 지위와 권세가 있을지라도 쓰지 않고, 억울한 일을 당할 때 예수님의 능력이 나타나도록 기다리는 것입니다.

4. 가난하고 애통하고 온유한 자는 의에 주리고 목마릅니다(6절).

의(義)는 하나님의 뜻이 내게 이루어지는 것입니다. 의의 개념을 모르기 때문에 우리는 행복, 돈, 애정, 남편, 아내, 자녀의 성적에 주립니다. 그러나 하나님의 뜻에 주리고 목마를 때 하나님은 반드시 채워 주십니다. 하나님의 의를 더욱 사모하도록 나를 가난하고 애통하게 만드는 사람과 환경이 축복입니다. 현재의 고난은 잠깐이기 때문입니다.

5. 가난하고 애통하고 온유하고 의에 주리는 자에게 긍휼히 여기는 복을 주십니다(7절).

긍휼은 창자가 끊어지듯이 아파하는 것을 말합니다. 마음으로 불쌍해 하고 염려하는 데서 끝나는 게 아니라 직접 찾아가 상처를 보듬어 주고 문제를 해결하도록 돕는 것입니다.

6. 가난하고 애통하고 온유하고 의에 주리고 긍휼히 여기는 자는 마음이 청결합니다(8절).

마음이 청결하다는 것은 욕심 없는 빈 마음이나 행위의 청결만을 의미하지 않습니다. 자기 죄를 고백하며 흘리는 눈물이 우리의 마음을 청결케 합니다. 날마다 세상과 하나님 사이에서 갈등할 수밖에 없다는 것을 인정하고, 나의 연약과 죄 때문에 아플지라도 하나님을 의지하는 자가 청결한 자입니다.

7. 화평하게 하는 자가 됩니다(9절).

천국에 속한 사람은 화평하게 하는 자입니다. 하나님의 아들이신 예수 그리스도가 나를 위해 죽으심으로 하나님과 나 사이에 화목제물이 되어 주셨다면, 우리도 남을 위해 화목제물이 될 수 있습니다.

8. 의를 위해 박해를 받은 자의 복이 있습니다 (10절).

주님의 말씀을 듣고 팔복대로 사는 사람을 기다리는 것은 다름 아닌 핍박입니다. 그런데 그 핍박 속에서 기뻐하고 즐거워하라고 하십니다. 내가 믿음 때문에 핍박당할 때 즐거워하는 것, 이것이 천국이고 부활입니다. 주님으로 인해 핍박 받지만, 환경을 초월하시는 주님 때문에 기뻐하고 즐거워하는 것이 하나님의 백성, 즉 주님의 제자가 갈 길입니다.

주제 본문 큐티 예시
마태복음 5:3-10

기복에서 팔복으로   홍석률

본문 요약
예수님이 모인 무리를 향해 산에 올라 앉으셔서 팔복에 대해 가르쳐 주십니다. 심령이 가난한 자, 애통하는 자, 온유한 자, 의에 주리고 목마른 자, 긍휼히 여기는 자, 마음이 청결한 자, 화평하게 하는 자, 의를 위해 박해를 받는 자가 복이 있다고 하십니다.

질문하기
1. 왜 예수님은 심령이 가난한 자는 복이 있다고 하실까? (3절)
2. 왜 예수님은 화평하게 하는 자가 하나님의 아들이라 일컬음을 받는다고 하실까? (9절)

묵상하기
1. 왜 예수님은 심령이 가난한 자는 복이 있다고 하실까? (3절)

예수님이 갈릴리에서 천국 복음을 전파하고 모든 병과 약한 것을 고치시자 온 수리아에 소문이 퍼졌습니다. 그러자 예수님을 보려고 많은 무리들이 따랐고, 예수님은 산에 올라 팔복에 대해 가르쳐 주십니다.

　저는 모태신앙으로 주일을 잘 지켰기에 스스로 믿음이 좋다고 생각했습니다. 어릴 적 아버지의 사업이 부도가 난 후로 자존감 없는 아이로 자랐고, 가난을 벗어나고 싶어 더욱더 공부에 집착했습니다. 하나님은 그런 환경에서도 저를 명문고, 명문대 법대에 합격하게 해 주셨습니다. 대학에 다니며 신문 배달, 막노동, 과외를 병행하면서도 장학금을 받고, 교회도 열심히 다녔기에 준비하던 사법시험도 당연히 합격하리라 믿었습니다.

하지만 시험에 떨어지자 폐인이 되어 방에서 나오지 않고, 죽음을 생각하며 1년 정도 교회에 나가지 않았습니다. 그동안 예배를 한 번도 빠진 적이 없었기에 하나님께 억울하고 섭섭한 마음이 들었습니다. 하지만 그때도 제 믿음이 기복(祈福)인 것을 몰랐습니다.

하나님은 제게 또 은혜를 베푸셔서 대기업에 입사하게 해 주셨지만, 돈과 권세가 생기자 죄만 지을 뿐이었습니다. 매일 술과 음란, 골프와 도박으로 세월을 허비하며 바람까지 피우다 아내에게 들통이 나서 가정은 파탄 직전에 이르렀습니다. 아내는 우울증을, 첫째 딸은 분노조절장애를, 둘째 딸은 야뇨증을 앓는 환경이 죽을 만큼 힘들었습니다.

그러다 지인의 소개로 지금의 교회와 『큐티인』을 알게 되었고, 광주에도 부부 목장이 있다는 이야기를 들었습니다. 주님은 제가 완전히 힘이 빠져 심령이 가난해질 때까지 기다려 주셨고, 겸손할 수밖에 없게 하셨습니다. 내 죄 때문에 울며 애통하게 된 저는, 매주 부부 목장에 참석했습니다. 제가 있던 여수에서 광주까지는 왕복 세 시간이 걸렸지만, 그곳에서 하나님의 위로를 받는 것 같아 좋았습니다.

돈과 성공, 인정에 목이 말랐던 제가 하나님의 뜻을 알고 싶어 의에 주리고 목이 마르게 되자 서울로 올라가 교회에서 양육을 받았습니다. 그제야 저는 제가 뼛속까지 죄인임을 깨달았습니다. 착한 모범생으로 믿음이 좋았던 것이 아니라 어린 시절에는 죄를 짓기 힘든 환경이었을 뿐이고, 환경이 되자 죄를 물처럼 마시는 모태부터 죄인이며, 인정과 성공 중독자로 세상과 돈을 좇았던 기복신앙이었음을 인정하게 되었습니다.

2. 왜 예수님은 화평하게 하는 자가 하나님의 아들이라 일컬음을 받는다고 하실까? (9절)

모태신앙으로 공부 잘하고 착한 모범생으로 겉모습을 포장해 왔지만, 제 내면은 아홉 살 때 부모님의 이혼을 겪고 새어머니와 이복동생들과 함께 살면서 병들어 갔습니다. 그리고 그 이혼이 어머니의 외도 때문임을 알게 되자 더한 수치감에 아무에게도 말할 수 없었습니다.

사법고시에 실패하고 교회에 발길을 끊었을 때, 하나님은 목회자 자녀인 지금의 아내를 만나게 하셔서 다시금 저를 교회로 인도해 주셨습니다. 하지만 처가가 가난하다는 이유로 장로인 아버지는 결혼을 반대하셨고, 결국 아버지와 새어머니는 제 결혼식에 오지 않으셨습니다.

그 일로 저는 아버지와 7년간 연락을 끊고, 명절에 아버지를 찾아뵙자는 형님의 말도 무시하면서 아버지가 장례를 치러도 갈지 모르겠다고 말했습니다. 그리고 정말 아버지가 빨리 돌아가셨으면 좋겠다고 생각했습니다. 그렇게 아버지를 죽이고 싶었던 분노와 혈기는 술, 음란 등 다양한 중독으로 옮겨 갔고, 그런 중독으로 인해 아내와의 관계는 점점 더 악화되었습니다. 그리고 가끔 저도 모르는 분노로 인해 소리를 지르고 물건을 집어던지곤 했습니다.

그러다 며느리와 동침한 유다, 기생 라합, 밧세바와 간음한 다윗이 올라간 '예수님의 족보' 말씀을 들으며 수치스럽기만 했던 제 삶이 조금씩 해석되기 시작했습니다. 그리고 교회에서 양육 훈련을 받던 중 예수님의 "누가 내 어머니이며 내 동생들이냐"(마 12:48)라는 말씀이 깨달아져 부모를 객관화하게 되었고, 천국에서는 누구나 똑같이 형제로 만나게 된다는 것을 알게 되었습니다. 제가 하나님의 영적 자녀임이 깨달아지자 가족의 사연을 넘어서는 자존감이 회복되었고, 천국을 사모하게 되었습니다.

이혼한 부모를 정죄하고 심판하던 제가 전적인 하나님의 은혜로 이혼을 막은 것은 교회에서 들은 말씀과 간증, 공동체의 기도와 위로 덕분이었습니다. 그래서 지금은 부모님이 저를 위해 수고하셨고, 제가 마음속으로 무수히 아버지를 살인한 죄인이며, 아버지를 판단할 자격이 없다는 것이 깨달아졌습니다. 그리고 믿음의 1세대로, 신앙을 유산으로 물려주신 아버지가 최고의 부모라는 목사님의 말씀을 마음으로 받아들이게 되었습니다.

그렇게 제가 하나님의 영적 자녀임이 깨달아지면서 자연스럽게 부모님과 화평한 복을 누리게 되었습니다. 지금은 부모님께 매달 용돈을 드리고 명절과 생신 때에는 찾아뵙고 식사하며 같이 영화도 보곤 합니다. 그리고 멀리 여수에 있다가 서울 본사로 발령이 나서 지금은 그토록 사모하던 교회 근처에 살면서 예배를 드리고 있습니다.

적용하기

- 언제든 다시 기복으로 돌아갈 수 있는 걸 잘 알기에 주일예배, 수요예배, 목장예배를 사수하겠습니다.
- 혈기와 음란의 근원이 마른 제 사건을 통해 저처럼 이혼한 부모, 분노와 혈기로 아파하는 지체들을 돕겠습니다.

기도하기

착한 모범생으로 제 겉모습을 포장하고 세상과 돈을 좇았던 것을 회개합니다. 이혼한 부모를 정죄하고 심판하던 제가 하나님의 은혜로 부모님과 화평한 복을 누리게 하시니 감사합니다. 이제는 하나님의 영적 자녀라는 자존감을 가지고 힘든 지체들을 도울 수 있게 하옵소서.

돌아보기 Nursing
주제 도서 읽고 나누기

- 『큐티하는 자는 복이 있나니』(김양재, QTM)를 읽고, 독후감을 작성해 봅시다.

살아내기 Keeping
한 주의 실천 과제와
매일 큐티

- **생활숙제** 팔복 중에서 가장 실천해 보고 싶은 두 가지를 정해 구체적으로 적용해 본 후, 느낀 점을 작성해 봅시다.
- **매일큐티** 매일 큐티를 통해 한 주간 나 자신과 가정, 공동체를 어떻게 지키려 했는지 돌아봅시다.

성구 암송과 교리 요약

복의 근원

22하나님이 그들에게 복을 주시며 이르시되 생육하고 번성하여 여러 바닷물에 충만하라 새들도 땅에 번성하라 하시니라 **창세기 1:22**

참 복의 근원이신 하나님을 예배하고 말씀에 순종함으로 하나님과의 관계가 회복된 언약 백성만이 주님이 주시는 생육하고 번성하는 복을 경험하게 됩니다.

천국을 누리는 삶

3심령이 가난한 자는 복이 있나니 천국이 그들의 것임이요…10의를 위하여 박해를 받은 자는 복이 있나니 천국이 그들의 것임이라 **마태복음 5:3,10**

팔복은 구원을 주시는 하나님의 능력을 경험함으로 어떠한 환경에서도 주님 때문에 기뻐하며 천국을 누리는 것입니다.

진정한 복, 믿는 사람으로서 세상보다 나은 복은
떡과 의복이 아니라 하나님의 말씀에 있습니다.

내 안에 주님과의 연합이 충만할수록 구원 받지 못한 식구 때문에
그치지 않는 근심과 고통이 있어야 합니다.

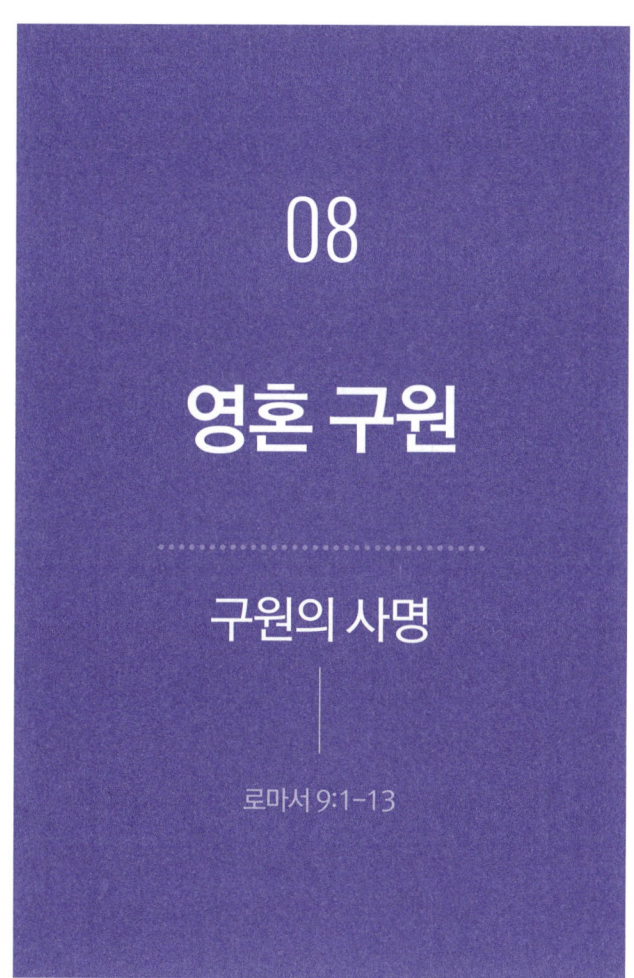

08 | 영혼 구원
구원의 사명 로마서 9:1-13

마음 열기 Telling
마음을 열고 생각을
나누는 시간

- 나를 구원으로 이끌기 위해 크게 근심하며 고통한 사람은 누구입니까?
- 주일/수요 설교를 듣고 느낀 점을 나눠 봅시다.

말씀 읽기 Holifying
깊은 묵상을 위한 질문과 답

1. 최고의 가치, 영혼 구원 마태복음 8:30-34

30마침 멀리서 많은 돼지 떼가 먹고 있는지라 31귀신들이 예수께 간구하여 이르되 만일 우리를 쫓아내시려면 돼지 떼에 들여보내 주소서 하니 32그들에게 가라 하시니 귀신들이 나와서 돼지에게로 들어가는지라 온 떼가 비탈로 내리달아 바다에 들어가서 물에서 몰사하거늘 33치던 자들이 달아나 시내에 들어가 이 모든 일과 귀신 들린 자의 일을 고하니 34온 시내가 예수를 만나려고 나가서 보고 그 지방에서 떠나시기를 간구하더라

1) 왜 귀신들이 돼지 떼에 들어가려고 합니까? (30-32절)

_____

_____

_____

🌱 서로를 외롭게 하고 사납게 만드는 쾌락과 거짓의 귀신이 들렸습니까? 돈과 명성의 돼지 떼가 몰살되어서라도 배우자와 자녀가 구원되기를 전심으로 기도합니까?

2) 왜 사람들은 예수님이 떠나시기를 간구합니까? (33-34절)

_____

_____

_____

🌱 귀신 들린 자 같던 가족과 지체가 구원 받고 변화된 것을 보면서 함께 기뻐합니까? 암과 부도의 고난으로 주님을 만났다는 간증을 들으면, "예수 믿는 것은 좋은데 암과 가난은 생각하기도 싫다"면서 주님이 떠나시기를 간구하지는 않습니까?

2. 영혼 구원의 직분 로마서 11:13-14

13내가 이방인인 너희에게 말하노라 내가 이방인의 사도인 만큼 내 직분을 영광스럽게 여기노니 14이는 혹 내 골육을 아무쪼록 시기하게 하여 그들 중에서 얼마를 구원하려 함이라

1) 왜 바울은 자신의 사도 직분을 영광스럽게 여깁니까? (13절)

_____

_____

_____

❦ 나의 직업과 지위로 무엇을 좇고 있습니까? 넓은 아파트, 명문 학벌, 존경과 명성을 추구합니까? 나의 역할과 사업이 다른 사람의 구원을 위해 사용되도록 결단합니까?

2) 왜 바울은 골육을 시기하게 해서라도 구원하려고 합니까? (14절)

_____

_____

_____

❦ 전도를 하기 위해 내가 할 수 있는 최선은 무엇입니까? 구체적인 실천 방법을 생각해 봅시다. 전도 방법론을 배우지 않아도 영혼 구원을 위해 사랑하고 인내하는 것이 최선임을 알고 있습니까?

3. 오직 구원 때문에 사는 인생 마태복음 12:11-12

11 예수께서 이르시되 너희 중에 어떤 사람이 양 한 마리가 있어 안식일에 구덩이에 빠졌으면 끌어내지 않겠느냐 12 사람이 양보다 얼마나 더 귀하냐 그러므로 안식일에 선을 행하는 것이 옳으니라 하시고

- 왜 예수님은 "사람이 양보다 얼마나 더 귀하냐"라고 말씀하십니까? (12절)

_____

_____

_____

4. 잃은 양을 찾는 사람이 큰 자 마태복음 18:11-14

11 (없음) 12 너희 생각에는 어떠하냐 만일 어떤 사람이 양 백 마리가 있는데 그중의 하나가 길을 잃었으면 그 아흔아홉 마리를 산에 두고 가서 길 잃은 양을 찾지 않겠느냐 13 진실로 너희에게 이르노니 만일 찾으면 길을 잃지 아니한 아흔아홉 마리보다 이것을 더 기뻐하리라 14 이와 같이 이 작은 자 중의 하나라도 잃는 것은 하늘에 계신 너희 아버지의 뜻이 아니니라

- 왜 한 마리 잃은 양을 찾는 것이 더 기쁩니까? (13절)

_____

_____

_____

5. 영혼 구원을 위한 애통함 마태복음 20:3-16

3또 제삼시에 나가 보니 장터에 놀고 서 있는 사람들이 또 있는지라 4그들에게 이르되 너희도 포도원에 들어가라 내가 너희에게 상당하게 주리라 하니 그들이 가고 5제육시와 제구시에 또 나가 그와 같이 하고 6제십일시에도 나가 보니 서 있는 사람들이 또 있는지라 이르되 너희는 어찌하여 종일토록 놀고 여기 서 있느냐 7이르되 우리를 품꾼으로 쓰는 이가 없음이니이다 이르되 너희도 포도원에 들어가라 하니라 8저물매 포도원 주인이 청지기에게 이르되 품꾼들을 불러 나중 온 자로부터 시작하여 먼저 온 자까지 삯을 주라 하니 9제십일시에 온 자들이 와서 한 데나리온씩을 받거늘 10먼저 온 자들이 와서 더 받을 줄 알았더니 그들도 한 데나리온씩 받은지라 11받은 후 집 주인을 원망하여 이르되 12나중 온 이 사람들은 한 시간밖에 일하지 아니하였거늘 그들을 종일 수고하며 더위를 견딘 우리와 같게 하였나이다 13주인이 그중의 한 사람에게 대답하여 이르되 친구여 내가 네게 잘못한 것이 없노라 네가 나와 한 데나리온의 약속을 하지 아니하였느냐 14네 것이나 가지고 가라 나중 온 이 사람에게 너와 같이 주는 것이 내 뜻이니라 15내 것을 가지고 내 뜻대로 할 것이 아니냐 내가 선하므로 네가

악하게 보느냐 16이와 같이 나중 된 자로서 먼저 되고 먼저 된 자로서 나중 되리라

1) 왜 포도원 주인은 청지기에게 계속해서 사람을 찾아오라고 합니까? (3-6절)

_____

_____

_____

🌱 무엇을 위해 부지런합니까? 영혼 구원을 위해 새벽부터 저녁까지 장터에 나가 봅니까? 전도할 때 무슨 약속을 하며, 약속을 잘 지킵니까? 나가 보지도 않을 뿐더러 나가도 필요한 사람을 보지 못하고 나의 교양 때문에 복음을 전하지 못하는 사람은 아닙니까?

2) 왜 처음에 오든 나중에 오든 똑같이 한 데나리온씩 주라고 합니까? (8-9절)

_____

_____

_____

🌱 부지런히 나가서 복음을 전하고 있습니까?

3) 왜 먼저 온 자들은 포도원 주인과 거래하려고 합니까? (10-12절)

_____

_____

_____

4) 왜 예수님은 불평을 쏟아 놓던 사람에게 '친구'라 하시고, 나중 된 자가 먼저 된다고 하십니까? (13-16절)

_____

_____

_____

🌱 더 공부하고 봉사했으니 더 나은 걸 주셔야 한다고, 주님이 틀렸다고 항의합니까? 모범생의 교만으로 늦게 부름 받은 사람을 질투하며 틀렸다고 하지는 않습니까?

6. 영혼 구원의 열매　마태복음 21:19

19길가에서 한 무화과나무를 보시고 그리로 가사 잎사귀밖에 아무것도 찾지 못하시고 나무에게 이르시되 이제부터 영원토록 네가 열매를 맺지 못하리라 하시니 무화과나무가 곧 마른지라

- 왜 무화과나무를 보시고 영원토록 열매를 맺지 못하리라고 말씀하십니까? (19절)

7. 생명 낳기 운동 요한계시록 22:2b

2b 강 좌우에 생명나무가 있어 열두 가지 열매를 맺되 달마다 그 열매를 맺고 그 나무 잎사귀들은 만국을 치료하기 위하여 있더라

- 강 좌우에 있는 생명나무의 역할은 무엇입니까? (2절)

주제 본문

로마서 9:1-13

1-2내가 그리스도 안에서 참말을 하고 거짓말을 아니하노라 나에게 큰 근심이 있는 것과 마음에 그치지 않는 고통이 있는 것을 내 양심이 성령 안에서 나와 더불어 증언하노니 **3**나의 형제 곧 골육의 친척을 위하여 내 자신이 저주를 받아 그리스도에게서 끊어질지라도 원하는 바로라 **4**그들은 이스라엘 사람이라 그들에게는 양자 됨과 영광과 언약들과 율법을 세우신 것과 예배와 약속들이 있고 **5**조상들도 그들의 것이요 육신으로 하면 그리스도가 그들에게서 나셨으니 그는 만물 위에 계셔서 세세에 찬양을 받으실 하나님이시니라 아멘 **6**그러나 하나님의 말씀이 폐하여진 것 같지 않도다 이스라엘에게서 난 그들이 다 이스라엘이 아니요 **7**또한 아브라함의 씨가 다 그의 자녀가 아니라 오직 이삭으로부터 난 자라야 네 씨라 불리리라 하셨으니 **8**곧 육신의 자녀가 하나님의 자녀가 아니요 오직 약속의 자녀가 씨로 여기심을 받느니라 **9**약속의 말씀은 이것이니 명년 이때에 내가 이르리니 사라에게 아들이 있으리라 하심이라 **10**그뿐 아니라 또한 리브가가 우리 조상 이삭 한 사람으로 말미암아 임신하였는데 **11**그 자식들이 아직 나지도 아니하고 무슨 선이나 악을 행하지 아니한 때에 택하심을 따라 되는 하나님의 뜻이 행위로 말미암지 않고 오직 부르시는 이로 말미암아 서게 하려 하사 **12**리브가에게 이르시되 큰 자가 어린 자를 섬기리라 하셨나니 **13**기록된 바 내가 야곱은 사랑하고 에서는 미워하였다 하심과 같으니라

해석하기 Interpreting
구속사로 생각하기

1. 가족의 구원, 골육 친척의 구원을 원해야 합니다(3절).

바울이 전도여행을 할 때 이방인들은 다 믿고 돌아와도 유대인들은 예수님을 안 믿었습니다. 자신으로 인해 많은 믿음의 열매가 나타나는데 내 식구들은 돌아올 기미조차 보이지 않았습니다. 그러나 바울의 근심은 자기 근심이 아닙니다. 내 안에 주님과의 연합이 충만할수록 구원 받지 못한 식구 때문에 그치지 않는 근심과 고통이 있어야 합니다. 바울이 그리스도에게서 끊어질지라도 원한다고 한 것은, 끊을 수 없는 그리스도의 사랑과 승리에 대한 확신이 있었기 때문입니다.

2. 구원이 하나님의 절대적인 택하심이기 때문입니다(4-5절).

유대인은 하나님의 자녀가 되는 양자 됨의 축복을 받은 민족이지만 구원을 몰랐습니다. 그렇다고 하나님의 말씀이 폐해진 것은 아닙니다. 하나님은 반드시 그들에게 주셨던 예배를 회복시키고 언약을 이루실 것입니다. 하나님의 말씀은 시대 환경이나 인간의 불순종으로 폐해지는 것이 아닙니다. 하나님의 택하심에는 특권과 함께 사명도 있는데 유대인들은 자신들의 특권만 생각했습니다. 아브라함의 씨라고 다 영적 자녀가 아니라 '오직 이삭으로 난 자', 기다림으로 훈련 끝에 낳은 자녀가 씨로 여김을 받는다고 하십니다.

3. 구원의 사명에는 약속의 말씀이 있습니다(7-9절).

아브라함은 하나님이 원하시지 않는 방법으로 첩 하갈에게서 이스마엘을 낳았습니다. 그런데 잘난 아들 이스마엘에게 믿음이 없습니다. 오랜 기다림 후에 아브라함의 마음이 곤고해지자, 하나님은 사라에게 명년에 주실 아들의 이름이 이삭이고 믿음의 씨라고 가르쳐 주십니다.

4. 구원의 사명은 고정관념을 넘어서야 합니다(10-11절).

하나님은 이삭이 낳은 쌍둥이 아들 중에 에서가 아닌 야곱을 택하셨습니다. 야곱이 행위로 택할 만해서가 아니라 오직 하나님의 부르심이었습니다. 그런데 우리는 믿음으로 구원을 받았다고 하면서도 끊임없이 근거를 찾으려는 고정관념이 있습니다. 우리 생각에는 맏아들이 구원 받을 것 같지만, 정작 구원 받은 아들은 회개하고 돌아온 탕자, 문제 많은 둘째 아들입니다. 하나님의 택하심을 믿는 것은 내 자녀를 있는 그대로 인정하는 것입니다.

5. 구원의 사명은 모든 것을 넘어서는 것입니다(12-13절).

하나님의 택하심이 에서가 아닌 야곱에게 있었다는 것은 에서처럼 성실한 사람도 구원 받지 못할 수 있고, 야곱처럼 거짓말하고 문제 많은 사람도 구원 받을 수 있다는 은혜의 본보기입니다. 하나님이 정말 원하시는 것은 나 자신의 구원으로 시작해서 형제의 구원 때문에 고통하는 것입니다. 나만 구원 받는다고 행복할 수 없습니다. 구원의 감격 뒤에는 반드시 고통이 수반됩니다. 그치지 않는 고통이 모든 것을 넘어서는 사랑입니다.

주제 본문 큐티 예시
로마서 9:1-13

육신의 자녀와 약속의 자녀   민사라

본문 요약

바울 사도에게 있는 큰 근심과 마음에 그치지 않는 고통은 나의 형제 곧 골육의 친척을 위해 자신이 그리스도에게서 끊어질지라도 그들의 구원을 원하는 것이라고 합니다. 육신의 자녀가 하나님의 자녀가 아니요 오직 약속의 자녀가 씨로 여기심을 받기 때문입니다. 하나님의 뜻이 행위로 말미암지 않고, 오직 부르시는 이로 말미암아 서게 하시려고 야곱은 사랑하고 에서는 미워하였다고 하십니다.

질문하기

1. 왜 바울은 나의 형제, 곧 골육의 친척을 위해 자신이 저주를 받아 그리스도에게서 끊어질지라도 그들의 구원을 원한다고 했을까? (3절)
2. 왜 야곱은 사랑하고 에서는 미워하였다 하심과 같다고 했을까? (13절)

묵상하기

1. 왜 바울은 나의 형제, 곧 골육의 친척을 위해 자신이 저주를 받아 그리스도에게서 끊어질지라도 그들의 구원을 원한다고 했을까? (3절)

바울은 자신이 저주를 받아 그리스도에게서 끊어질지라도 형제의 구원을 바랐습니다. 이방인들은 믿고 돌아오는데 혈육인 유대인들은 예수님을 믿지 않았습니다. 내 식구들은 돌아올 기미조차 안 보이니 자괴감이 들었을 것입니다.

저희 부부는 성경에 손을 얹고 교회에서 결혼했습니다. 결혼 전에 남편은 7년 가까이 저만 바라봤기에 그 마음이 절대 변하지 않으리라 확신했습니다. 결혼 후 저 모르게 10년, 알고도 10년, 그렇게 지속적으로 외도한 남편은 스무 살 어린 처녀에게서 아들을 낳고 두 집 살림을 하며 이혼을 요구했습니다. 그때 교회에서 양육을 받으며 공동체의 기도로 이 일을 오픈하게 되었습니다. 우아하고 고상하게 살고 싶고, 죄는 무슨 죄냐고 외치던 제가 죄를 직면하게 되었습니다. 40대 중반에 임신을 했는데, 큰애가 고3이라 뒷바라지를 해야 하고 지금은 주의 일을 할 때라고 합리화하며 낙태했던 죄를 생각나게 하신 것입니다. 그리고 주님은 속지 않으시고 다른 배를 통해 아들을 낳게 하셨다는 것이 깨달아졌습니다. 그러자 두 집 살림하느라 늘 불안하고 평강이 없는 남편이 불쌍해졌고, 나를 위해 수고하는 남편도 예배가 회복되면 평강해지리란 확신이 들어 주님과의 관계가 회복되기를 눈물로 기도했습니다(3절).

2. 왜 야곱은 사랑하고 에서는 미워하였다 하심과 같다고 했을까? (13절)
하나님의 택하심이 에서가 아닌 야곱에게 있었다는 것은 에서처럼 성실한 사람도 구원 받지 못할 수 있고, 야곱처럼 거짓말 잘하고 문제 많은 사람도 구원 받을 수 있다는 은혜의 본보기입니다.

유능한 의사로 성공해 하나님의 말씀이 폐해진 것같이 죄 가운데 있는 남편일지라도 하나님의 약속은 유효하다고 하십니다(6절). 나를 살려 주신 은혜로 남편도 약속의 자녀로 여겨 주셔서 살려 주시기를 간구했습니다. 그리고 일주일에 세 번 집에 들어오던 남편에게 하루 더 아들과 지내도 좋으니 교회에서 양육을 받아 보라고 간청했습니다. 남편이 양육을 받아도 변화가 없으면 이혼당하겠다고 마음먹었습니다. 양육을 받기 시작한 남편에게도 32주 과정 중 27주에 마침내 변화가 일어났습니다. '명년 이때'라고 약속의 말씀을 일깨워 주셨습니다(9절). 자식을 끼고 있는 것이 사랑이 아닌 집착임을 한나가 사무엘을 엘리 제사장에게 맡기는 본문을 통해 남편을 깨어지게 하셨습니다.

저희 부부는 가정을 지키게 되었고, 매주 교회에 처음 온 새신자 앞에서 수치를 드러내고 간증하며 가정을 살리는 사명을 감당하고 있습니다. 팥죽 한 그릇에 장자권을 팔고, 영적인 일에 관심이 없어 제 발로 믿음의 공동체를 떠난 에서가 아니라 여자 좋아하고 거짓말하고, 속인 자 야곱이 약속의 자녀여서 너무 위로가 됩니다. 모든 것을 넘어서는 사랑, 구원의 사명을 잘 감당하고 가겠습니다.

적용하기
- 새신자 앞에서 수치를 잘 드러내는 간증으로 구원의 사랑을 전하겠습니다.
- 목장 식구들의 구원을 위해 애통함으로 기도하고 섬기겠습니다.

기도하기
주님, 제게 있는 큰 근심과 그치지 않는 고통을 알고 찾아오시고, 부족하고 연약해서 육적인 근심을 할 때에도 약속을 폐하지 않으시고 하나님이 원하시는 근심으로 바꿔 주셔서 감사합니다. 구원 때문에 용서하고 내려놓게 해 주신 주님을 찬양합니다. 오직 구원을 생각하며 섬기는 자가 되게 하옵소서.

돌아보기 Nursing
주제 도서 읽고 나누기

- 『천국을 누리라』(김양재, QTM)를 읽고, 독후감을 작성해 봅시다.

살아내기 Keeping
한 주의 실천 과제와
매일 큐티

- **생활숙제** 아직 구원 받지 못한 가족이 있다면, 나의 근심과 고통의 마음을 담아 교회로 초청하는 편지를 작성해 봅시다.
- **매일 큐티** 매일 큐티를 통해 한 주간 나 자신과 가정, 공동체를 어떻게 지키려 했는지 돌아봅시다.

성구 암송과 교리 요약

새 생명의 증인
2b강 좌우에 생명나무가 있어 열두 가지 열매를 맺되 달마다 그 열매를 맺고 그 나무 잎사귀들은 만국을 치료하기 위하여 있더라 **요한계시록 22:2b**

성령으로 거듭나 새로운 생명을 얻게 된 사람은 하나님의 영광에 합당한 열매를 맺음으로써 그리스도의 증인으로 살아갑니다.

구원을 위한 명령
3나의 형제 곧 골육의 친척을 위하여 내 자신이 저주를 받아 그리스도에게서 끊어질지라도 원하는 바로라 **로마서 9:3**

예수 그리스도는 나를 세상 속으로 부르셔서 그분의 증인이 되게 하셨으며, 속죄의 죽음과 부활을 통한 구원의 소식을 모든 사람에게 선포하고 가르치라는 명령을 주셨습니다.

예수님이 머리 되신 교회는
하나님의 사랑으로 복음을 전하고 누리는 사명 공동체입니다.

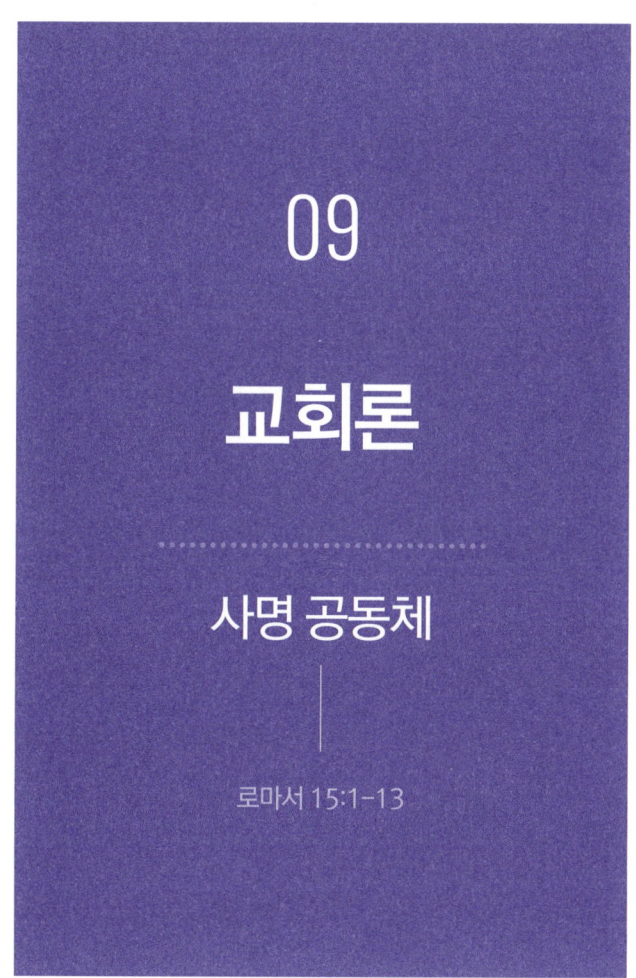

09 교회론
사명 공동체 로마서 15:1-13

마음 열기 Telling
마음을 열고 생각을
나누는 시간

- 좋은 공동체의 특징이 무엇이라고 생각합니까?
- 주일/수요 설교를 듣고 느낀 점을 나눠 봅시다.

말씀 읽기 Holifying
깊은 묵상을 위한 질문과 답

1. 좋은 공동체, 아둘람 공동체 사무엘상 22:1-2

1 그러므로 다윗이 그곳을 떠나 아둘람 굴로 도망하매 그의 형제와 아버지의 온 집이 듣고 그리로 내려가서 그에게 이르렀고 2 환난당한 모든 자와 빚진 모든 자와 마음이 원통한 자가 다 그에게로 모였고 그는 그들의 우두머리가 되었는데 그와 함께한 자가 사백 명 가량이었더라

- 환난당하고 빚지고 원통한 자들이 왜 아둘람 굴로 도망한 다윗에게로 모였습니까? (1-2절)

_____

_____

_____

🌱 환난당하고 빚지고 원통한 자들이 모인 공동체가 좋은 공동체라고 생각합니까?

2. 말씀 공동체 시편 121:1-2

1내가 산을 향하여 눈을 들리라 나의 도움이 어디서 올까 2나의 도움은 천지를 지으신 여호와에게서로다

- 왜 다윗은 "나의 도움은 천지를 지으신 여호에게서로다"라고 고백합니까? (2절)

_____

_____

_____

3. '내 탓이요' 공동체 사무엘상 22:20-23

20아히둡의 아들 아히멜렉의 아들 중 하나가 피하였으니 그의 이

름은 아비아달이라 그가 도망하여 다윗에게로 가서 21사울이 여호와의 제사장들 죽인 일을 다윗에게 알리매 22다윗이 아비아달에게 이르되 그날에 에돔 사람 도엑이 거기 있기로 그가 반드시 사울에게 말할 줄 내가 알았노라 네 아버지 집의 모든 사람 죽은 것이 나의 탓이로다 23두려워하지 말고 내게 있으라 내 생명을 찾는 자가 네 생명도 찾는 자니 네가 나와 함께 있으면 안전하리라 하니라

- 다윗은 왜 아비아달의 집 사람들이 죽은 것이 자기 탓이라고 합니까? (22절)

_____

_____

_____

🌱 다윗이 '내 탓'이라고 하는 것처럼 내 탓이라고 인정을 잘합니까, 남의 탓만 하고 있지는 않습니까?

주제 본문
로마서 15:1-13

1 믿음이 강한 우리는 마땅히 믿음이 약한 자의 약점을 담당하고 자기를 기쁘게 하지 아니할 것이라 2 우리 각 사람이 이웃을 기쁘게 하되 선을 이루고 덕을 세우도록 할지니라 3 그리스도께서도 자기를 기쁘게 하지 아니하셨나니 기록된 바 주를 비방하는 자들의 비방이 내게 미쳤나이다 함과 같으니라 4 무엇이든지 전에 기록된 바는 우리의 교훈을 위하여 기록된 것이니 우리로 하여금 인내로 또는 성경의 위로로 소망을 가지게 함이니라 5 이제 인내와 위로의 하나님이 너희로 그리스도 예수를 본받아 서로 뜻이 같게 하여 주사 6 한마음과 한 입으로 하나님 곧 우리 주 예수 그리스도의 아버지께 영광을 돌리게 하려 하노라 7 그러므로 그리스도께서 우리를 받아 하나님께 영광을 돌리심과 같이 너희도 서로 받으라 8 내가 말하노니 그리스도께서 하나님의 진실하심을 위하여 할례의 추종자가 되셨으니 이는 조상들에게 주신 약속들을 견고하게 하시고 9 이방인들도 그 긍휼하심으로 말미암아 하나님께 영광을 돌리게 하려 하심이라 기록된 바 그러므로 내가 열방 중에서 주께 감사하고 주의 이름을 찬송하리로다 함과 같으니라 10 또 이르되 열방들아 주의 백성과 함께 즐거워하라 하였으며 11 또 모든 열방들아 주를 찬양하며 모든 백성들아 그를 찬송하라 하였으며 12 또 이사야가 이르되 이새의 뿌리 곧 열방을 다스리기 위하여 일어나시는 이가 있으리니 열방이 그에게 소망을 두리라 하였느니라 13 소망의 하나님이 모든 기쁨과 평강을 믿음 안에서 너희에게 충만하게 하사 성령의 능력으로 소망이 넘치게 하시기를 원하노라

해석하기 | Interpreting
구속사로 생각하기

1. 강한 우리 공동체입니다(1-4절).

강한 자가 약한 자의 약점을 담당할 수 있어야 합니다. 바울은 믿음이 강한 자였으나 자신을 강하다고 하지 않고 '강한 우리'라고 합니다(1절). 지체의 연약함을 기꺼이 담당하고 누구든지 우리로 만들 수 있는 사람이 강한 자입니다. 약한 자는 항상 자기 기쁨을 구하고 이해타산으로 사람을 만나지만, 강한 자는 '자기의 기쁨을 구하지 않는 것'으로 약한 자의 약점을 담당합니다.

2. 뜻이 같은 우리 공동체입니다(5-6절).

인내의 길은 지치고 어렵기 때문에 안위가 필요합니다(5절). 인내가 길어질수록 한마음과 한 입이 될 수 없었던 우리가 서로 뜻을 같이하게 됩니다. 한마음과 한 입으로 외쳐야 할 것은 가정과 교회에서 우리 주 예수 그리스도의 아버지께 영광을 돌리는 것입니다(6절). 한마음이 되기 위해 비난하고 지적하기보다 마음으로 접근하고 반응해야 연합이 됩니다.

3. 용납하는 우리 공동체입니다(7절).

성경의 위대한 믿음의 용사에게도 약점과 허물이 있었습니다. 심지어 사도 바울에게도 건강으로 인한 육체의 가시가 있었습니다. 누구든지 십자가 외에는 자랑할 것이 없습니다. 먼저 예수님을 믿고, 먼저 교회에 나오고, 먼저 직분을 받았다고 해서 강한 자가 되는 것은 아닙니다. 하나님은 먼저 믿은 유대인에게나 이방인에게 동일하게 긍휼을 베푸십니다. 내가 자랑할 수 없음을 알아야 서로를 용납할 수 있습니다. 사랑보다 힘든 것이 용서이지만, 용서하고 용납해야 건강한 공동체로 건강한 사랑을 나눌 수 있습니다.

4. 열방으로 지경이 넓어지는 공동체입니다(9-12절).

로마서와 성경의 목적은 열방을 향합니다. 우리 인생도 열방을 향해 나아가는 것입니다. 하나님은 우리가 강한 자가 되어 열방을 품고 열방 중에서 감사하고 찬양하며 열방에게 전하기를 원하십니다. 주님만이 즐거움의 이유이고, 찬송의 대상입니다. 우리가 열방을 향해 나아간다는 것은 나 혼자는 감당하기 힘든 남편, 자녀를 온 교회와 함께 사명 공동체가 되어 한마음으로 기도하며 용납하는 것입니다.

주제 본문 큐티 예시
로마서 15:1-13

나의 사명 공동체   윤월상

본문 요약
믿음이 강한 우리는 마땅히 믿음이 약한 자의 약점을 담당하고 선을 이루며 덕을 세워야 합니다. 인내와 위로의 하나님이 우리가 그리스도 예수를 본받아 한 마음과 한 입으로 그리스도 아버지께 영광을 돌리고, 열방 중에서 주께 감사하고 주의 이름을 찬송하기 원하십니다. 바울은 소망의 하나님이 모든 기쁨과 평강을 믿음 안에서 성령의 능력이 넘치게 하시기를 간구합니다.

질문하기
1. 왜 믿음이 강한 우리는 마땅히 약한 자의 약점을 담당해야 할까? (1절)
2. 왜 열방 중에서 주께 감사하고 주의 이름을 찬송하라고 했을까? (9절)

묵상하기
1. 왜 믿음이 강한 우리는 마땅히 약한 자의 약점을 담당해야 할까? (1절)
믿음이 강한 우리는 마땅히 믿음이 약한 자의 약점을 담당해야 한다고 하십니다. 제게는 약점을 담당해야 할 우리, 제 약점을 담당해줄 우리가 있습니다. 그런데 강한 자에게 약하고, 약한 자에게는 강하게 살면서 사람의 기쁨을 위해 비위를 맞추려는 모습 또한 있습니다. 그러나 믿음 때문에 비방을 받아도 말씀의 위로를 맛보는 공동체가 있으면 함께 이겨낼 수 있습니다.

저는 예수님을 믿지 않는 가정에서 태어나 오직 학벌이 우상이었기에 제 생각대로 불신결혼을 했습니다. 그러나 믿었던 남편의 실직으로 인해 모든 것이 하루아침에 무너졌고, 저는 아이들과 살아야겠다는 일념으로 가사 도우미를 하게 되었습니다. 인생이 곤고했던 저는 도우미를 하러 간 집에서 뜻하지 않게 전도가 되어 말씀을 접했습니다. 말씀을 전해준 집사님은 곤고한 제 이야기를 들어주셨고, 그분의 소개로 큐티 모임에 참석하게 되었습니다. 저는 그곳에서 말씀을 들으며 진정한 안식과 위로를 누렸고, 내 죄를 보게 되었습니다. 말씀을 들으며 나의 학벌 우상이 내 욕심 때문이라는 것이 깨달아졌고, 진심으로 죄를 고백하고 회개했을 때 주님의 이름을 찬양하며 영광을 돌렸습니다(7절).

2. 왜 열방 중에서 주께 감사하고 주의 이름을 찬송하라고 했을까? (9절)

이 세상 백성은 주의 백성을 만나야 즐거워할 수 있습니다. 어디를 가도 주님을 모르는 인생은 기쁨을 느낄 수가 없습니다. 주님만이 즐거움의 이유이고, 찬송의 대상입니다(11절). 그 즐거움을 혼자만 누릴 수 없으니 열방을 향해 가야 합니다. 내 옆의 연약한 자를 담당하다가 더 많은 사람들의 약점을 담당하며, 점점 더 강한 사명 공동체로 나아가야 합니다(12절).

무허가 주택에 살면서 주님을 알아 가던 저는 모든 일을 공동체에 물으며 갔습니다. 살던 집이 재개발 지역으로 선정되면서 목장 예배를 드릴 수 있는 환경을 허락해 달라고 지체들에게 중보기도를 부탁했습니다. 마침내 수백 대 일의 아파트 청약 경쟁률을 뚫고 옥탑방이 있는 꼭대기 층에 당첨이 되었습니다. 너무 기쁘고 감사한 마음을 지체들에게 알리자 모두들 자기 일처럼 기뻐하면서 살림 준비를 도와주셨습니다. 이제는 집에서 예배를 원 없이 드릴 수 있겠다고, 하나님이 불쌍히 여겨 주셨으니 사는 동안 주를 위해 집을 아까워하지 않고 예배 처소로 드리겠다고 고백했습니다. 10년이 넘도록 지금도 여전히 그 집에서 예배도 드리고 소그룹 모임도 하고 있습니다. 저희 집을 많은 사람에게 복음의 소식을 전하는 처소가 되게 하신 주님을 찬양합니다.

적용하기

- 믿음 안에서 강한 자가 되어 환난당하고 빚지고 원통한 자들을 주께 인도하겠습니다.
- 복음에 빚진 자로서 예배드리고 주님을 증거하는 데 집을 사용하겠습니다.

기도하기

구원을 사명으로 두고 확신으로 나아가기를 간구합니다. 아직도 교회에 나오지 않는 남편을 주께 인도해야 하는데, 사랑이 없어서 제게 왜 이런 고난을 주시느냐고 불평할 때가 있습니다. 이제는 공동체와 지체들에게 기도제목을 내어놓고 강한 자가 되어 연약한 자의 약점을 담당하고 내 죄를 보고 갈 수 있기를 기도합니다. 서로 사명을 깨닫고 피해 의식에서 벗어나 용서하고 사랑할 수 있는 힘을 주옵소서. 부부가 서로 다른 믿음을 가진 것을 불쌍히 여겨 주시고, 서로가 서로를 돕는 가정이 되게 하옵소서.

돌아보기 Nursing
주제 도서 읽고 나누기

- 『1세기 교회 예배 이야기』(로버트 뱅크스, IVP)를 읽고, 독후감을 작성해 봅시다.

살아내기 Keeping
한 주의 실천 과제와
매일 큐티

- **생활숙제** 다른 사람에게 손해가 가더라도 내 기쁨을 우선했던 과거의 모습과 연약한 사람을 영적으로 세우고 있는 현재의 모습을 비교해 보고, 얼마나 달라졌는지 구체적으로 적어 봅시다.
- **매일큐티** 매일 큐티를 통해 한 주간 나 자신과 가정, 공동체를 어떻게 지키려 했는지 돌아봅시다.

성구 암송과 교리 요약

공동체적 사명

2환난당한 모든 자와 빚진 모든 자와 마음이 원통한 자가 다 그에게로 모였고 그는 그들의 우두머리가 되었는데 그와 함께한 자가 사백 명 가량이었더라 **사무엘상 22:2**

예수님이 머리 되신 교회는 그리스도의 백성으로 이루어지며, 하나님의 구속적 사랑으로 복음을 누리고 전하는 사명 공동체입니다.

그리스도 안에서의 연합

1믿음이 강한 우리는 마땅히 믿음이 약한 자의 약점을 담당하고 자기를 기쁘게 하지 아니할 것이라 **로마서 15:1**

그리스도 안에 있는 모든 자들은 진리 가운데 서로 교제하고 영적으로 연합하며, 믿음이 강한 자가 믿음이 약한 자의 약점을 담당합니다.

사랑을 주고 싶고 받을 수 있는 곳,
하나님 사랑이 이웃 사랑으로 표현되는 곳이 최고의 공동체입니다.

우리는 주님이 다시 오실 때를 알지 못하기에
구원을 위해 사명을 감당하면서 늘 깨어 있어야 합니다.

10

종말론

그런즉 깨어 있으라

마태복음 24:1-14

THINK

10 종말론

그런즉 깨어 있으라 마태복음 24:1-14

마음 열기 Telling
마음을 열고 생각을 나누는 시간

- 끝인 것 같은 고난을 겪어 보았습니까? 그 일이 있어야 할 일이라고 생각했습니까?
- 주일/수요 설교를 듣고 느낀 점을 나눠 봅시다.

말씀 읽기 Holifying
깊은 묵상을 위한 질문과 답

1. 환난을 감하시리라 마태복음 24:15-28

15 그러므로 너희가 선지자 다니엘이 말한 바 멸망의 가증한 것이 거룩한 곳에 선 것을 보거든 (읽는 자는 깨달을진저) 16 그때에 유대에 있는 자들은 산으로 도망할지어다 17 지붕 위에 있는 자는 집 안에 있는 물건을 가지러 내려가지 말며 18 밭에 있는 자는 겉옷을 가지러 뒤로 돌이키지 말지어다 19 그날에는 아이 밴 자들과 젖 먹이는 자들에게 화가 있으리로다 20 너희가 도망하는 일이 겨울에나 안식일에 되지 않도록 기도하라 21 이는 그때에 큰 환난이 있겠음이라 창세로부터 지금까지 이런 환난이 없었고 후에도 없으리라 22 그날들을 감하지 아니하면 모든 육체가 구원을 얻지 못할 것이

나 그러나 택하신 자들을 위하여 그 날들을 감하시리라 23그 때에 사람이 너희에게 말하되 보라 그리스도가 여기 있다 혹은 저기 있다 하여도 믿지 말라 24거짓 그리스도들과 거짓 선지자들이 일어나 큰 표적과 기사를 보여 할 수만 있으면 택하신 자들도 미혹하리라 25보라 내가 너희에게 미리 말하였노라 26그러면 사람들이 너희에게 말하되 보라 그리스도가 광야에 있다 하여도 나가지 말고 보라 골방에 있다 하여도 믿지 말라 27번개가 동편에서 나서 서편까지 번쩍임같이 인자의 임함도 그러하리라 28주검이 있는 곳에는 독수리들이 모일 것이니라

1) 큰 환난은 어느 때에 일어납니까? (21절)

_____

_____

_____

✤ 내 속에 있는 멸망의 가증한 것, 교회를 다니고 직분이 있어도 냄새나는 가증한 것은 무엇입니까?

2) 큰 환난 가운데 주님이 주신 여러 가지 구원의 길은 무엇입니까?
   (15-20절)

   _____

   _____

   _____

🌱 환난 중에 구원 받기 위해 급히 산으로 도망합니까? 세상에 미련이 남아 촌과 성읍에 머무릅니까? 바빠서 기도를 못 하고, 직장 때문에 예배에 못 간다고 핑계를 대며 기도를 소홀히 하지는 않습니까? 큰 환난이 오기 전에 가족의 구원과 양육에 힘쓰고 있습니까?

3) 택한 자의 구원을 위해 미리 당부해 주신 말씀은 무엇입니까?
   (22-28절)

   _____

   _____

   _____

🌱 환난의 기간과 대상과 강도를 정하는 분이 하나님이심을 믿고 있습니까? 말씀이 안 들리도록 미혹하는 광야의 그리스도는 무엇입니까? 사람의 아들로 오신 인격적인 예수님을 만났습니까? 환난에 대비해 말씀으로 예방 주사를 맞고 있습니까?

2. 인자가 가까이 온 줄 알라 마태복음 24:29-39

29 그날 환난 후에 즉시 해가 어두워지며 달이 빛을 내지 아니하며 별들이 하늘에서 떨어지며 하늘의 권능들이 흔들리리라 30 그때에 인자의 징조가 하늘에서 보이겠고 그때에 땅의 모든 족속들이 통곡하며 그들이 인자가 구름을 타고 능력과 큰 영광으로 오는 것을 보리라 31 그가 큰 나팔소리와 함께 천사들을 보내리니 그들이 그의 택하신 자들을 하늘 이 끝에서 저 끝까지 사방에서 모으리라 32 무화과나무의 비유를 배우라 그 가지가 연하여지고 잎사귀를 내면 여름이 가까운 줄을 아나니 33 이와 같이 너희도 이 모든 일을 보거든 인자가 가까이 곧 문 앞에 이른 줄 알라 34 내가 진실로 너희에게 말하노니 이 세대가 지나가기 전에 이 일이 다 일어나리라 35 천지는 없어질지언정 내 말은 없어지지 아니하리라 36 그러나 그날과 그때는 아무도 모르나니 하늘의 천사들도, 아들도 모르고 오직 아버지만 아시느니라 37 노아의 때와 같이 인자의 임함도 그러하리라 38 홍수 전에 노아가 방주에 들어가던 날까지 사람들이 먹고 마시고 장가들고 시집가고 있으면서 39 홍수가 나서 그들을 다 멸하기까지 깨닫지 못하였으니 인자의 임함도 이와 같으리라

1) 인자가 구름을 타고 능력과 큰 영광으로 오는 것을 보는 때는 언제입니까 (29-30절)

_____

_____

✔ 나의 해와 달과 별이 떨어진 사건이 있습니까? 그때 어떤 적용을 했습니까? 열 가지 재앙이 와도 주님의 징조인지 구별하지 못해 지금도 주께 돌아오지 못하는 것이 있습니까?

2) 주님은 종말을 언급하시면서 왜 그리도 '말씀'을 강조하십니까? (31-35절)

✔ 해와 달과 별이 떨어지는 사건을 통해 나팔소리 같은 말씀을 들었습니까? 나의 사건을 오픈하여 내 가족도 살리고 공동체도 살리는 통로로 쓰임 받고 있습니까?

3) 왜 그날과 그때는 오직 아버지만 아신다고 합니까? (36절)

🌱 때를 모르기 때문에 조바심 내고 거짓 선지자의 말에 현혹된 적이 있습니까? 때를 아시는 주님이 내 삶을 책임져 주실 것을 믿습니까? 아무리 바빠도 내 할 일은 다하면서 말씀 듣는 일에는 소홀하지 않습니까?

3. 그런즉 깨어 있으라   마태복음 25:1-13

1그때에 천국은 마치 등을 들고 신랑을 맞으러 나간 열 처녀와 같다 하리니 2그중의 다섯은 미련하고 다섯은 슬기 있는 자라 3미련한 자들은 등을 가지되 기름을 가지지 아니하고 4슬기 있는 자들은 그릇에 기름을 담아 등과 함께 가져갔더니 5신랑이 더디 오므로 다 졸며 잘 새 6밤중에 소리가 나되 보라 신랑이로다 맞으러 나오라 하매 7이에 그 처녀들이 다 일어나 등을 준비할 새 8미련한 자들이 슬기 있는 자들에게 이르되 우리 등불이 꺼져 가니 너희 기름을 좀 나눠 달라 하거늘 9슬기 있는 자들이 대답하여 이르되 우리와 너희가 쓰기에 다 부족할까 하노니 차라리 파는 자들에게 가서 너희 쓸 것을 사라 하니 10그들이 사러 간 사이에 신랑이 오므로 준비하였던 자들은 함께 혼인 잔치에 들어가고 문은 닫힌지라 11그 후에 남은 처녀들이 와서 이르되 주여 주여 우리에게 열어 주소서 12대답하여 이르되 진실로 너희에게 이르노니 내가 너희를 알지 못하노라 하였느니라 13그런즉 깨어 있으라 너희는 그날과 그때를 알지 못하느니라

1) 왜 미련한 자들은 등은 있는데 기름이 없었습니까? (1-4절)

_____

_____

_____

✽ 매일 자신이 죄인임을 고백하며 기름을 준비하고 있습니까? 말씀을 보고 큐티를 해도 남의 죄를 봅니까, 자기 죄를 봅니까?

2) 왜 신랑이 더디 온다고 합니까? (5절)

_____

_____

_____

✽ 나에게 '보라 신랑이로다' 하는 배신과 부도의 사건이 왔습니까? 말씀의 기름, 회개의 기름이 준비되어 구원의 등불을 켤 수 있습니까?

3) 왜 슬기로운 처녀들은 미련한 처녀들에게 기름을 나눠 주지 않습니까? (9절)

_____

_____

_____

4) 왜 주님은 미련한 처녀들에게 너희를 알지 못한다고 하십니까? (11-12절)

_____

_____

_____

🌱 냉정해 보여도 끊어내야 할 것은 끊어내는 삶을 살고 있습니까? 힘든 식구들이 변해서 내가 편해지는 게 목표가 아니라 오직 구원을 바랍니까?

주제 본문
마태복음 24:1-14

1 예수께서 성전에서 나와서 가실 때에 제자들이 성전 건물들을 가리켜 보이려고 나아오니 2 대답하여 이르시되 너희가 이 모든 것을 보지 못하느냐 내가 진실로 너희에게 이르노니 돌 하나도 돌 위에 남지 않고 다 무너뜨려지리라 3 예수께서 감람 산 위에 앉으셨을 때에 제자들이 조용히 와서 이르되 우리에게 이르소서 어느 때에 이런 일이 있겠사오며 또 주의 임하심과 세상 끝에는 무슨 징조가 있사오리이까 4 예수께서 대답하여 이르시되 너희가 사람의 미혹을 받지 않도록 주의하라 5 많은 사람이 내 이름으로 와서 이르되 나는 그리스도라 하여 많은 사람을 미혹하리라 6 난리와 난리 소문을 듣겠으나 너희는 삼가 두려워하지 말라 이런 일이 있어야 하되 아직 끝은 아니니라 7 민족이 민족을, 나라가 나라를 대적하여 일어나겠고 곳곳에 기근과 지진이 있으리니 8 이 모든 것은 재난의 시작이니라 9 그때에 사람들이 너희를 환난에 넘겨주겠으며 너희를 죽이리니 너희가 내 이름 때문에 모든 민족에게 미움을 받으리라 10 그때에 많은 사람이 실족하게 되어 서로 잡아 주고 서로 미워하겠으며 11 거짓 선지자가 많이 일어나 많은 사람을 미혹하겠으며 12 불법이 성하므로 많은 사람의 사랑이 식어지리라 13 그러나 끝까지 견디는 자는 구원을 얻으리라 14 이 천국 복음이 모든 민족에게 증언되기 위하여 온 세상에 전파되리니 그제야 끝이 오리라

해석하기 Interpreting
구속사로 생각하기

1. 인생의 종말이 있기에 무너질 것을 보아야 합니다(1-2절).

예수님은 화려한 예루살렘 성전이 무너지는데 돌 하나도 남지 않고 무너지는 것을 미리 영의 눈으로 보라고 하십니다. 잘나가고 있을 때 무너질 수 있음을 아는 것이 믿음과 겸손입니다. 예수님은 무너진다고 하시는데 제자들은 때와 징조에만 관심이 있습니다(3절). 우리는 무너지지 않을 건강, 학벌, 돈과 지위를 절대적으로 믿고 살아갑니다. 그러다 암에 걸리고, 입시에 실패하고, 결혼에 실패하고, 실직을 하면 미혹을 받게 됩니다.

2. 종말은 있어야 할 일입니다(6-8절).

무너질 때 난리 소문을 듣겠지만 두려워하지 말라고 하십니다(6절). 반드시 있어야 하고, 아직 끝이 아니라 시작이라고 하십니다. 어떤 재앙도 있어야 할 일이라고 생각하면 육의 종말로 인해 영이 세워지는 구원이 시작됩니다. 그런데 하나님께서 허락하신 일로 여기지 않고 무조건 내 중심으로 생각하니까 두려움이 엄습합니다.

3. 종말이 오면 사랑이 식습니다(9-12절).

난리 소문, 기근과 지진 때문에 환난이 시작되면 시험에 빠져 서로 죽이고 미워하고 넘겨주고 배신을 당하고 관계가 깨어집니다(9절). 우리의 종말은 사랑이 식는 데서부터 시작합니다. 이 땅에서 사랑이 식는 것을 경험해야 주님의 사랑이 시작됩니다. 내 인생의 종말이 와야 예수님의 진짜 종말이 시작된다는 뜻입니다.

4. 복음이 전파될 때가 진정한 종말입니다(13-14절).

우리는 사명을 가진 이 땅의 그리스도인입니다. 그런데 아직 집안에 복음이 전파되지 않았다면 죽을 수도 없습니다. 복음이 전파되어야 끝입니다(14절). 복음이 전파되기 위해 무너지고 뽑히고 파괴되고 파멸될 일이 있습니다. 집집마다 죽어 가는 상황에서 복음이 전해집니다. 예수 이름 때문에 미움을 받으면 예수님과 더불어 사는 삶이 시작될 것입니다.

주제 본문 큐티 예시
마태복음 24:1-14

죽은 나를 살리신 예수님   김재익

본문 요약

예수님이 성전에서 나와 가실 때 제자들이 성전 건물들을 가리켜 보이니 돌 하나도 남지 않고 다 무너진다고 말씀하십니다. 그리고 감람산 위에 앉으시자 제자들이 조용히 와서 어느 때에 이런 일이 있고, 주의 임하심과 세상 끝에는 무슨 징조가 있는지 묻습니다. 예수님은 재난의 시작에 환난과 미움과 미혹과 불법이 성하므로 많은 사람의 사랑이 식어지나 끝까지 견디는 자는 구원을 얻고, 천국 복음이 온 세상에 전파될 때 그제야 끝이 오리라 말씀하십니다.

질문하기

1. 왜 예수님은 절대 무너지지 않을 것 같은 화려한 예루살렘을 돌 하나도 돌 위에 남지 않고 다 무너진다고 하셨을까? (1-2절)
2. 왜 예수님은 나라들이 무너질 때 난리 소문을 듣겠지만 두려워하지 말라고 하실까? (6절)

묵상하기

1. 왜 예수님은 절대 무너지지 않을 것 같은 화려한 예루살렘을 돌 하나도 돌 위에 남지 않고 다 무너진다고 하셨을까? (1-2절)

예수님은 "이 모든 것을 보지 못하느냐"(2절)라고 말씀하시면서 이 화려한 예루살렘 성전이 무너진다고 하십니다. 돌 하나도 남지 않고 무너지는 것을 미리 영의 눈으로 보라고 하십니다. 돌마다 보석을 넣고 지었기 때문에 보석을 찾느라 진짜 돌 하나도 남지 않고 무너졌습니다. 이 세상에서 절대로 무너지지 않을 것은 없습니다.

저희 아버지는 술만 드시면 항상 저를 옆에 두고 "널 위해 먹고 살 모든 것을 준비해 뒀으니 걱정하지 말라"라고 말씀하셨습니다. 그런 아버지가 갑자기 급성 심근경색으로 돌아가셨고, 아버지의 재산은 큰어머니가 전부 가져가셨습니다. 예수님이 돌 하나도 돌 위에 남지 않고 다 무너뜨려지리라 말씀하신 것같이(2절) 저에게 결코 무너지지 않을 것 같았던 아버지의 재산을 빼앗긴 것입니다.

그런데 만약 제게 그 재산이 있었다면 저는 세상에서 음주가무를 즐기며 살다 예수님도 못 만나고 지옥을 살았을 것입니다. 이 사건은 제게 정말 있어야 할 일이었습니다. 이때 예수님을 인격적으로 만났고, 교회 청년부에서 지금의 아내를 만나 결혼도 하고 사랑스런 아들도 낳게 되었습니다. 그리고 주님은 교회 근처에 작은 임대 아파트도 선물해 주셨습니다.

2. 왜 예수님은 나라들이 무너질 때 난리 소문을 듣겠지만 두려워하지 말라고 하실까? (6절)

예수님은 세상이 무너질 때 난리 소문을 듣겠지만 두려워하지 말라고 하시고, 이런 일이 반드시 있어야 한다고 하십니다. 저는 어릴 적 측두엽 손상으로 인해 귀울림이 있습니다. 그런데 얼마 전 목장 모임이 끝나고 집에 돌아오니 그날따라 유난히 아들이 칭얼댔습니다. 순간 그 소리가 너무 듣기 싫어 소리를 지르고 물건을 집어던지며 변기까지 부쉈습니다. 놀란 아내는 아들을 데리고 집을 나갔고, 소식을 들은 목자님 부부가 늦은 시각인데도 달려오셨습니다. 돌아온 아내 앞에서 저는 다시는 폭력을 쓰지 않겠다는 각서를 썼습니다. 목자님은 자신도 정신병원에 다녀왔다고 하시며 병원 입원을 권면하셨습니다. 예수님은 무너질 때 난리 소문을 듣겠지만 두려워하지 말라고 하셨습니다(6절). 저는 제가 정신적으로 아프다는 것을 인정하고 두 달간 병원에 입원했습니다. 제 병명은 만성 우울증이었고, 지금 당하는 일이 힘들기는 하지만 있어야 할 일이라는 것이 인정이 됩니다. 그래서 낮에는 병원에서 치료를 받고 저녁에는 힘들게 일하고 온 아내를 위해 설거지와 빨래를 하면서 집안일을 돕고 있습니다.

적용하기
- 병원 치료를 잘 받고 아내와 아들에게 해를 가하지 않겠습니다.
- 아내를 대신해 설거지를 하고 집안일을 잘 돕겠습니다.

기도하기
아버지의 재산을 빼앗긴 사건을 통해 무너짐으로 나의 교만을 보게 하심에 감사합니다. 정신적인 질병으로 저와 가족이 고통을 겪고 있지만, 날마다 말씀 없이 살 수 없다는 것을 알게 해 주셔서 감사합니다. 이 고난의 사건이 저주가 아니라 주님이 우리 집에 찾아오시는 구원의 사건임을 매일 묵상하며 가기를 원합니다.

돌아보기 | Nursing
주제 도서 읽고 나누기

- 『내가 너를 아노라』(김양재, QTM)를 읽고, 독후감을 작성해 봅시다.

살아내기 | Keeping
한 주의 실천 과제와
매일 큐티

- **생활숙제** 깨어 있는 삶을 살기 위해 할 수 있는 적용 세 가지를 정해 한 주간 실천해 봅시다.
- **매일 큐티** 매일 큐티를 통해 한 주간 나 자신과 가정, 공동체를 어떻게 지키려 했는지 돌아봅시다.

성구 암송과 교리 요약

깨어 있는 삶

13 그런즉 깨어 있으라 너희는 그날과 그때를 알지 못하느니라
마태복음 25:13

우리는 주님 재림의 때를 알지 못하기에 구원을 위한 개인적 사명과 공동체적 책임을 감당하면서 늘 깨어 있는 삶을 살아야 합니다.

마지막 명령

14 이 천국 복음이 모든 민족에게 증언되기 위하여 온 세상에 전파되리니 그제야 끝이 오리라 **마태복음 24:14**

성도는 복음을 땅끝까지 전하라는 명령을 받았으며, 그 사명을 감당할 때 예수 그리스도께서 다시 오셔서 구원과 심판을 완성하십니다.

과제물 작성요령 & Sample

THINK

1. 주제 본문

10주 동안 매주 정해진 성경 본문을 묵상합니다. 본문을 요약하고, 두 가지 질문을 뽑고, 그 질문을 중심으로 묵상한 뒤 제목을 정합니다. 묵상 내용에 따른 적용하기, 말씀으로 기도하기의 형식을 따릅니다.

제목 　자신만의 제목을 정합니다. 각 과의 제목과 동일한 제목을 피하고, 본문 요약을 더욱 축약해 한두 단어로 정해도 좋습니다. 가능한 본문에 나온 단어를 사용하되 자신의 스토리가 생각나도록 정합니다.
예) 검은 마음 (X), 성령 충만하여 (X), 돌을 던지고 있는 나 (O)

본문요약 　철저하게 본문에 나온 내용을 바탕으로 세 줄 정도 요약합니다. 자기 생각이나 주석이 들어가지 않도록, 조사 정도만 바꿔서 현재형으로 씁니다. 성경에서 언급하지 않은 단어나 자기 해석을 피하고, 내 생각대로 말씀을 묵상하지 않도록 주의합니다. 말씀을 짧게 요약하기 위해 본문을 여러 번 묵상하면서 내 생각을 가지치기하고, 말씀의 핵심이 무엇인지 생각해 봅니다.

질문하기 　본문에서 두 가지 질문을 뽑습니다. 질문을 하나만 뽑으면 자기가 생각하고 싶은 부분에만 사로잡힐 위험이 있습니다. 성경 본문에서 가장 중요하다고 생각되는 질문과 자신에게 가장 중요하다고 생각되는 질문을 하나씩 뽑습니다. '왜'를 넣어 성경 구절을 그대로 인용해 질문합니다. 말씀으로 나를 바라보는 훈련, 말씀이 나를 읽어 가도록 하는 것이 큐티입니다.

좋은 예

- 왜 예수님은 한 배에 오르셨을까? (3절)
- 왜 예수님은 시몬에게 깊은 데로 가서 그물을 내려 고기를 잡으라고 하셨을까? (4절)
- 왜 시몬 베드로는 "나는 죄인이로소이다"라고 했을까? (8절)
- 왜 그들은 모든 것을 버려 두고 예수를 따랐을까? (11절)

나쁜 예

- 성경 본문과 상관없는 질문을 뽑는 것.
- '나'라는 1인칭 시점이 들어간 질문.

묵상하기 '질문하기'에서 뽑은 두 가지 질문에 대해 묵상합니다. 질문 두 가지가 각각 다른 사건을 말하는 것이 아니라 하나의 사건으로 연결될 수 있도록 합니다. 본문의 전후 문맥을 살필 때, 성경을 주석하지 않도록 주의합니다. 또한 내 이야기로 바로 들어가지 말고 성경 스토리 안에 내 사건을 비춰 본 후 성경 본문의 언어로 내 이야기를 씁니다.

질문에 나를 대입해 내 속의 수많은 '나'와 직면하고, 가능한 구체적인 사건 위주로 작성합니다. 또한 그 사건 속에서 나는 어떤 죄인인지 구체적으로 드러냅니다. 성경 구절을 그대로 적지 말고, 성경 절수는 반드시 표기합니다. 질문 하나당 본문 해석 3-4줄, 묵상 간증 8-10줄 분량으로 작성합니다.

적용하기 마음의 결단을 하는 '내면 적용'과 손과 발이 가는 '실천 적용', 두 부분으로 나누어 작성하되 간결하게 한두 줄로 씁니다.

내면 적용의 예

- 직장에서 내 욕심과 야망을 내려놓고 구원의 사명을 잘 감당하겠습니다.
- 소그룹 모임에서 내가 체험한 하나님을 담대하게 증언하는 리더가 되겠습니다.
- 매일 말씀의 거울로 나를 비추어 인정 중독의 우상을 더 내려놓겠습니다.
- 날마다 말씀 묵상에 힘쓰며, 자녀에 대한 야망을 내려놓고 구원을 위해 기도하는 어머니가 되겠습니다.

실천 적용의 예

- 해외에 있는 큰딸에게 손편지로 사랑을 전하겠습니다.
- 평소에 남편과 아들에게 상냥하게 말하는 것이 잘 안 되는데, 하루에 한 번이라도 상냥하게 말하고 안아 주겠습니다.
- 아이들 앞에서 아내에게 분노를 표출하고, 부재중 아빠로 지낸 시간을 회개하기 위해 청소년부를 계속 섬기겠습니다.
- 목장에 나오지 않는 목원을 찾아가 안부를 묻고 심방하겠습니다.

기도하기 주제 본문에 나온 말씀을 인용해 기도문을 작성합니다(sentence prayer). 3-4줄 정도로 적습니다.

※ 각 과의 주제 본문 큐티 예시 참고

2. 주일/수요예배 설교 요약

설교 내용을 간단히 요약 정리하는 것이 아니라 가능한 설교 말씀 그대로 적도록 합니다. 핵심 대지는 구분하고, 마지막에 설교를 듣고 느낀 점을 적습니다. 다만 발표할 때는 핵심 대지만 간단하게 요약하고 느낀 점 위주로 말하고, 단락별 적용 질문을 자신의 상황에 비추어 자유롭게 말해 봅니다.

주일 설교 요약 예시 (김경호)

날짜: 00년 0월 0일
제목: 인구조사
본문: 사무엘하 24:1-9

사무엘하는 다윗이 마지막까지 인구조사를 하면서 죄 짓는 것으로 막을 내립니다. 인간은 믿음의 대상이 아닙니다. 그동안 다윗의 모든 승리는 하나님이 함께하심으로 가능했습니다. 다윗이 위대해서가 아니라는 것을 보여 주는 인구조사의 죄는 무엇이고, 어떤 의미가 있는지 알아봅니다.

첫째, 하나님께서 이스라엘을 향하여 진노하셨기 때문입니다(1절).

다시 이스라엘을 향해 진노하시는 하나님입니다. 하나님은 이스라엘을 향해 전에도 진노하시고, 또다시 진노하십니다. 다윗을 격동시켜서 인구를 조사하게 하고 벌을 내리십니다. 이 일로 7만 명이나 죽게 되지만, 하나님은 100% 옳으신 분입니다. 하나님은 왜 진노하셨을까요? 사울 왕이 기브온 족속을 억

압하고 죽인 결과, 사울 자손의 일곱을 매달았고 리스바의 회개 기도를 들어 주셨습니다. 사울은 하나님의 말씀을 알아듣지 못하는 사람이었기에 하나님의 말씀을 듣는 다윗에게 사울의 죄를 물으신 것입니다. 다윗은 언제나 책임을 지는 사람이었습니다.

연대순으로 보면 인구조사는 다윗 통치 시기의 마지막에 행한 것이 아니라 밧세바 사건과 압살롬의 반란 사건 이후입니다. 하나님이 다윗의 아들을 치시고, 차례대로 예언이 성취되었습니다. 그리고 이 모든 일을 다윗 한 사람의 잘못으로 받아들였습니다. 다윗은 강간, 살인, 반역의 사건 앞에 철저하게 무능력했지만, 처절하게 회개하는 모습을 보여 줍니다.

모든 것을 지도자 왕의 잘못으로 몰고 가지만, 왕의 잘못은 백성의 잘못이기도 하다고 알려 주십니다. 이스라엘 백성의 죄는 다윗을 따르지 않고 압살롬을 따른 것입니다. 반역자, 대적자인 압살롬은 기름부음이 없었습니다. 압살롬이 이스라엘 백성의 마음을 훔쳤다고 했습니다. 백성이 압살롬의 외모와 언변에 넘어갔고, 다윗을 믿고 따르지 않은 것입니다. 백성은 사울 왕을 외모로 취하더니 이번에는 압살롬의 외모에 반했습니다. 그 후에는 사울 족속 베냐민 지파의 세바를 따릅니다.

이 일이 다윗 때문이기도 하지만, 다윗을 배반한 것은 결국 하나님을 배반한 것이기에 백성을 치리해야 했습니다. 사무엘을 따르다가 사울을 따르고, 다윗을 따르다 압살롬을 따르고, 베냐민 지파를 따르는 백성입니다. 행위가 아니라 오직 믿음으로 구원을 받기 때문에 다윗에게 구원이 있음을 깨달아야 합니다. 압살롬을 따르는 것은 하나님을 반역하는 것입니다. 스펙, 외모, 성품을 따르는 것은 하나님을 반역하는 일입니다. 하나님은 다윗의 치부를 드러내시지만, 그럼에도 다윗에게 구원이 있습니다. 하나님을 수없이 반역한 백성이 그들을 위해 세운 왕을 끊임없이 반역했습니다.

(적용) 세상 왕을 끊임없이 벗어나지 못해서 하나님이 진노하실 일은 무엇입니까?

(중략)

셋째, 인구조사의 실체는 넘버 게임입니다(2-9절).

현대 사탄의 궤계는 '수'(數)입니다. 사탄은 다윗에게 직접 방해 공작을 벌여 '넘버 게임'(numbers game)을 하게 합니다. 다윗은 단에서 브엘세바까지 인구를 조사하라고 재촉하며 명령했습니다. 요압이 '하나님은 백배나 더하실 수 있는 분'이라며 만류했지만, 다윗은 격동되었기에 요압의 바른말을 듣지 않습니다.

하나님이 알려 주신 것만 알면 되는데 내가 알고 싶은 것이 많아 늘 문제가 생깁니다. 우리는 숫자에 약합니다. 다윗의 전쟁은 하나님만 의지할 때 승리했습니다. 전쟁 전에 계수를 하면 적군의 많은 수가 두려워 싸우기가 어렵습니다. 비교 때문에 인생이 힘든 것입니다. 모세가 한 인구조사는 홍해 바다를 건넌 감사함에 계수한 것이었고, 이때는 넘버 게임이라고 하지 않습니다. 순수한 마음으로 한 것인지, 열등감 때문에 과시하려고 한 것인지가 중요합니다. 인구조사를 위해 아홉 달 이십 일 동안 시간과 물질을 쏟으며 그동안 점령한 것을 돌아보게 했습니다. 다윗은 그동안 물리친 숫자가 궁금하고 그것을 백성에게 자랑하고 싶었을 것입니다. 좋은 생각은 빨리 적용해야 하지만 오래 생각하다가 적용하지 못하는 것이 있습니다. 이것이 혈기이고 욕심입니다. 내가 하려는 것을 누가 말릴까봐 욕심을 내고, 못하게 해서 막힐 때 혈기를 냅니다. 오늘 재촉하고 싶은 것을 참고, 하나님의 은혜로 했다고 하면서 세상의 복을 자랑하는 다윗의 모습입니다. 이것이 잘못입니다. 이런 의도로 인구조사를 한 것이 잘못입니다.

(적용) 우리가 자랑하고 두려워하는 숫자는 무엇입니까? 연봉, 자녀의 성적, 주가 지수입니까?

숫자가 올라가면 좋아하고 내려가면 두려운 것이 넘버 게임입니다. 이것이 사탄의 유혹입니다. 인구조사는 하나님이 이스라엘 백성에게 진노하신 것이고, 다윗을 격동하게 하셔서 치리한 사건입니다. 인구조사는 넘버 게임이고 숫자 놀음입니다. 우리는 다윗의 마지막이 인구조사의 죄로 끝나는 것을 기억해야 합니다.

느낀 점

제 아버지는 부유하고 다복한 환경에서 자라셨지만, 홀로 월남을 하셨습니다. 늘 정이 그리웠던 아버지는 어머니를 만난 후로 작은 외할아버지를 아버지처럼 모시고 결혼 비용으로 모아둔 돈을 전부 맡겼다고 합니다. 그러나 빚에 쪼

들리던 작은 외할아버지가 그 돈을 빚 갚는 데 써 버리셨고, 정작 아버지가 결혼할 때는 혼수조차 변변히 마련할 수 없었다고 합니다. 그때부터 우리 집의 셋방살이가 시작됐습니다. 초등학생 때는 매년 이리저리 옮겨다니느라 친구를 사귀기도 어려웠습니다.

이 같은 어린 시절의 쓰라린 기억 때문에 저는 셋방에서는 살지 않으리라 굳게 다짐했습니다. 직장생활을 시작하면서 교통비를 제외한 월급의 대부분을 저축했고, 결혼할 때는 작은 빌라를 마련했습니다. 그 후 집을 팔아 구입한 강남의 작은 아파트는 시기를 잘 만나서인지 가격이 급등했고, 다시 매입한 고층아파트 또한 가격이 계속 올라 12억까지 호가했습니다. 그러니 신문을 볼 때마다 부동산 면에서 집 시세를 보는 것이 낙이었고, 우리 집 아파트 가격은 늘 자랑거리였습니다.

직장을 퇴직하고 시작한 디자인 사무실은 처음에는 수지가 맞는 것 같더니 해가 갈수록 적자 폭이 늘어갔습니다. 결국 모자란 운영비를 주택 담보로 해결하고, 일부는 생활비로 쓰는 일이 잦아졌습니다. 불어난 빚에 미국의 금융위기 악재까지 겹쳐 아파트를 매각할 수밖에 없었고, 결국 제 다짐과 달리 셋방살이가 신세가 되었습니다. 전에는 집 시세를 보면서 흐뭇했지만, 지금은 치솟는 전세가를 보기가 두려워 부동산 면은 보지 않고 넘어갑니다. 아파트를 소유했을 때도 구입 당시 대출금이 있어 온전히 제 것은 아니었지만, 친구나 지인에게 과시하기 위해 아파트 시세를 확인하고 다녔습니다. 아파트가 우상이 되어 자랑거리가 된 것입니다.

다윗이 열등감으로 인구조사를 해서 자신의 세력을 과시하려 한 것처럼 저도 어렸을 때 이사를 다니며 가난하게 살았던 열등감 때문에 아파트 가격을 자랑한 것 같습니다. 숫자를 자랑하던 제게 하나님의 진노로 금융 위기를 주시고, 결국 몇 억의 손해를 보고 아무것도 남지 않게 하셨습니다. 그러니 높아지는 전세가에 하나님만 바라볼 수밖에 없습니다. 내가 할 수 없으니 하나님만 바라보게 하시는 것이 축복이라 생각합니다. 다가올 내일을 염려하지만 평강한 오늘을 영위케 하시고 말씀으로, 은혜로 견인해 가시는 하나님을 사랑합니다.

3. 독서물

주제 도서를 읽고 독후감을 쓰는 동안, 매 과의 주제를 좀 더 구체적으로 이해하게 됩니다. 내용을 요약하고 책을 읽으면서 느낀 점을 자신의 삶과 연결 지어 작성하도록 합니다.

제목 자신만의 제목을 정해 봅니다.

내용 요약 책을 이해하기 쉽게 각 장마다 간략하게 요약해 봅니다.

느낀점 책을 읽으면서 감동한 부분, 인상 깊은 점, 깨달은 것, 이해되지 않는 부분을 적습니다. 특히 각 과의 중심 주제가 담긴 부분을 주의 깊게 읽고, 책 속에 적용할 부분이 있다면 자신의 삶을 돌아보고, 구체적인 실천 사항을 적어 봅니다.

독후감 예시 (권혜경)

도서명: 보시기에 좋았더라
저자: 김양재
출판사: 두란노
페이지수: 323쪽

제목 : 말씀으로 해석되는 인생

내용 요약

chapter 1. 나를 도우시는 창조 사역
성부 하나님의 숨겨진 뜻이 성자 하나님의 낮아지심으로 나의 관계와 질서, 시간과 공간 안으로 들어오심을 통해 드러났습니다. 여전히 흑암과 혼돈이 있고 관계와 질서에 순종하기가 힘들지만 진리의 성령님이 효과적으로 도와주십니다. 그 도우심을 받아 창세전부터 택한 우리가 이제 새로운 창조 사역을 감당해야 합니다.

chapter 2. 보시기에 좋았더라
보시기에 좋은 인생이 되기 위해 말씀이 들려야 합니다. 우리의 혼돈과 공허, 흑암을 지극한 애정으로 품으며 내 곁의 사람들도 그렇게 품고 갈 때 '하나님이 비추시는 은혜의 빛으로 이르시되'의 말씀이 들리기 시작해 내 인생이 해석되고 환해집니다. 그리고 우리는 빛 된 인생이 되어야 합니다. 내 빛은 내 허물과 수치입니다. 하나님께서 모든 것을 창조의 시선으로 보시기에 내놓기만 하면 보시기에 좋았다고 하십니다.

(중략)

창조의 목적은 거룩이라고 하시는데, 저는 예수를 믿는다고 하면서도 말씀의 빛을 받지 못했고, 외도하는 남편으로 인해 혼돈과 공허로 흑암이 깊은 삶이었습니다. 저는 모든 것을 선악의 문제로 보고 남편의 잘못만 탓했습니다. 가인이 죄의 소원을 다스리지 못하고 빗나간 예배로 아벨을 살인했으면서도 끝까지 회개하지 않고 하나님을 떠난 것처럼, 저도 남편을 미워하고 원망하면서도 죄가 무엇인지 몰라 하나님을 떠나 죽을 인생이었습니다. 그런데 교회에서 말씀을 들으면서 남편의 외도 사건은 성자 하나님께서 나에게 꼭 맞는 사건으로 디자인하셔서 성부 하나님의 뜻을 나타내신 것으로 해석이 되었습니다. 그리고 말씀 듣는 구조 속에서 순종해 가니 나를 지으신 하나님께서는 저를 재창조해 가셨습니다.

하나님은 각기 종류대로 먹기 위해 열매를 맺으라고 하시는데 저는 각각의 종류를 인정하지 않았습니다. 먹히려고 하기보다는 내 야망대로 열매를 맺으려고 남편을 무시하고 다그치며 인정받기 위해 지나치게 열심을 냈습니다. 재혼이라는 피해 의식과 열등감으로 가인처럼 남편에게 책임을 전가하다가 선악과를 먹은 본질적인 죄는 알지도 못할 뻔했는데, 하나님은 사건으로 저를 찾아오셔서 회개할 기회를 주시고 말씀으로 양육해 가십니다.

벌을 주신 목적은 영적 후손을 낳기 위함이라고 하셨는데, 남편의 외도를 통해 희생과 인내를 배우게 하시고 구속사의 계보에 오르는 인생이 되게 해 주셔서 감사합니다. 나의 연약을 부르짖고 회개할 때, 내 옆의 힘든 지체가 비로소 여호와의 이름을 부르게 된다는 것을 알고 사명을 잘 감당하겠습니다.

4. 매일 큐티

큐티엠에서 발행하는 격월간 QT묵상지, 『큐티인』을 활용하여 일주일간 큐티를 하고, 매일 느낀 점만 간략히 적어 오는 과제입니다. 말씀 묵상 후 깨달은 점을 자신의 상황에 구체적으로 연결시켜 보고, 말씀 묵상 후 일어난 생각의 변화 등을 작성합니다. A4 용지 한 장에 3일 분량이 들어가도록 큐티 하나당 4-5줄 정도 적습니다(일주일에 3일 이상).

매일 큐티 예시 (김영신)

00년 0월 0일 - 사도행전 20:28-38
바울은 장로들에게 장차 거짓 선지자가 미혹할 것을 경고합니다. 지난 3년간 자신이 본을 보인 대로 목양할 것을 부탁하고, 주의 말씀으로 교회를 맡기고

다 함께 기도한 후 목을 안고 크게 울며 작별을 합니다.

남편이 일하던 아파트 관리 사무소에 사표를 던지고 왔습니다. 남편은 은이나 금을 탐하는 사람이 아니지만(33절), 소장이 은금을 탐하는 사람이어서 함께 일하는 것이 힘들다고 늘 얘기했습니다. 하지만 그렇게 갑자기 그만둘 줄은 몰랐습니다. 남편이 직장에서 바울처럼 사명을 감당했다면 마지막에 울어 주는 사람이 있을 텐데 '우리'를 만들지 못하고 원수만 만들고 그만둔 것 같아 마음이 아픕니다. 저 역시 남편에게 돕는 배필이 되지 못하고 방관자로 살면서 은금만 탐한 죄가 보입니다. 남편의 실직 사건에 힘이 빠지고 낙담한 것을 회개합니다. 남편을 정죄하는 마음을 내려놓고, 남편의 입장에서 공감하고 구원의 사건이 되기를 기도합니다.

00년 0월 0일 - 사도행전 21:17-26

예루살렘에 도착한 바울은 야고보에게 문안하고 선교 보고를 합니다. 바울의 사역을 보면 할 말이 없어집니다. 저는 사명을 부르짖으며 살고 있지만 온전히 깨끗함으로 서지 못하니 열매가 없고, 문제가 끊이지 않습니다. 구원을 위해 아낌없이 시간을 내고 값을 치르는 적용을 해야 하는데 마음처럼 잘 되지가 않습니다. 바울처럼 구원의 일에 시간을 내는 적용을 하고, 사명을 잘 감당하는 인생이 되기를 기도합니다.

00년 0월 0일 - 사도행전 22:9-30

오늘 교회에서 세팅 봉사와 소그룹 모임이 있었습니다. 남편이 인도하는 첫 모임이어서 음식을 준비하는 문제로 마음이 많이 쓰였습니다. 그래도 찰밥과 반찬을 기쁘게 준비했습니다. 일주일 내내 남편이 집에 있는 것 때문에 마음이 불편했는데, 음식을 하고 세팅 봉사를 하면서 기분이 나아졌습니다. 오늘 바울이 로마 시민권자임을 당당히 밝히는 것을 보며, 남편을 리더로 부르신 하나님이 남편의 고난을 통해 증인의 삶을 살게 하시리라 믿습니다.

5. 생활 숙제

각 과의 주제에 맞는 실천 과제가 주어집니다. 예를 들어 간증문 작성하기, 기도 생활의 문제점 찾아보기 등 다양합니다. 생활 숙제를 바탕으로 한 주간 실천한 뒤 느낀 점을 적고, 그 내용이 주제와 통일성을 이루도록 합니다.

6. 성구 암송

각 과의 내용을 함축하고 있는 주제 성경 구절을 한 주간 꾸준히 암송합니다. 주제 성경을 암송하고 있으면, 해당 주제를 파악하는 데 큰 도움이 됩니다. 그러므로 마지막에 급히 외우지 않도록 주의합니다.

과제물 점검표 '하나님 앞에서'

과제	주제 큐티	주일 설교	수요 설교	독서물	생활 숙제	매일 큐티	성구 암송
01							
02							
03							
04							
05							
06							
07							
08							
09							
10							

THINK 예비목자양육 | 과제물

01 성경 - 내 안에 뚫고 들어온 말씀

- **주제 큐티** 요한계시록 5:1-7
- **독 서 물** 『말씀이 들리는 그 한 사람』(김양재, 두란노)
- **생활 숙제** 인생의 중요한 고비마다 나를 회개하게 하고 살린 말씀은 무엇이었는지 사건 중심으로 두세 가지 나눠 봅시다.
- **성구 암송** 히브리서 4:12, 요한계시록 5:5

02 삼위일체 하나님 - 나를 도우시는 창조 사역

- **주제 큐티** 창세기 1:1-2
- **독 서 물** 『상처가 별이 되어』(김양재, QTM)
- **생활 숙제** 내가 순종해야 할 관계와 질서의 자리는 어디이고, 그 자리에서 어떤 역할을 감당해야 하는지 말해 봅시다(가정, 직장, 교회 등). 그리고 어떻게 효과적인 성령님의 도우심을 경험했는지 나눠 봅시다.
- **성구 암송** 요한복음 1:1-2, 창세기 1:1-2

03 인간의 타락과 그 결과 - 100% 죄인인 인간

- **주제 큐티** 로마서 3:9-20
- **독 서 물** 『기독교의 기본 진리』(존 스토트, 생명의말씀사)
- **생활 숙제** 나는 어디에 치우쳐 있고, 무엇이 부족한지 나눠 봅시다 (자녀, 건강, 감정, 이성, 성적인 것 등).
- **성구 암송** 창세기 3:16, 로마서 3:10

04 나를 살리는 회개 - 죄 고백

- **주제 큐티** 사무엘하 12:13-31
- **독 서 물** 『내면세계의 질서와 영적 성장』(고든 맥도날드, IVP)
- **생활 숙제** 다윗이 죄를 은폐했던 것처럼 아직까지 고백하지 못한 죄가 있다면, 하나님께 드리는 편지글 형식으로 고백해 봅시다.
- **성구 암송** 시편 51:10-11, 사무엘하 12:16

05 율법과 은혜 - 율법이 죄인가

- **주제 큐티** 로마서 7:7-16
- **독 서 물** 『모든 남자의 참을 수 없는 유혹』(스티븐 아터번 외 2명, 좋은씨앗)
- **생활 숙제** 남자 성적 자극으로부터 눈을 피하는 훈련을 구체적으로 해 보고 느낀 점을 작성해 봅시다. 여자 배우자와 진정으로 연합하기 위해 구체적으로 적용해야 할 점을 작성해 봅시다.
- **성구 암송** 로마서 7:24, 로마서 7:9

06 보혜사 성령 - 결국은 승리합니다

- **주제 큐티** 로마서 8:31-39
- **독 서 물** 『이것이 성령님이다』(A.W.토저, 규장)
- **생활 숙제** 가족을 생각하면서 뜨겁게 기도한 후, 성령의 탄식을 느끼며 가족을 위한 기도문을 작성해 봅시다.
- **성구 암송** 로마서 8:26, 로마서 8:38-39

07 제자도 - 팔복을 누리는 삶

- **주제 큐티** 마태복음 5:3-10
- **독 서 물** 『큐티하는 자는 복이 있나니』(김양재, QTM)
- **생활 숙제** 팔복 중에서 가장 실천해 보고 싶은 두 가지를 정해 구체적으로 적용해 본 후, 느낀 점을 작성해 봅시다.
- **성구 암송** 창세기 1:22, 마태복음 5:3,10

08 영혼 구원 - 구원의 사명

- **주제 큐티** 로마서 9:1-13
- **독 서 물** 『천국을 누리라』(김양재, QTM)
- **생활 숙제** 아직 구원 받지 못한 가족이 있다면, 나의 근심과 고통의 마음을 담아 교회에 초청하는 편지를 작성해 봅시다.
- **성구 암송** 요한계시록 22:2b, 로마서 9:3

09 교회론 - 사명 공동체

- **주제 큐티** 로마서 15:1-13
- **독 서 물** 『1세기 교회 예배 이야기』(로버트 뱅크스, IVP)
- **생활 숙제** 다른 사람에게 손해가 가더라도 내 기쁨을 우선했던 과거의 모습과 연약한 사람을 영적으로 세우고 있는 현재의 모습을 비교해 보고, 얼마나 달라졌는지 구체적으로 적어 봅시다.
- **성구 암송** 사무엘상 22:2, 로마서 15:1

10 종말론 - 그런즉 깨어 있으라

- **주제 큐티** 마태복음 24:1-14
- **독 서 물** 『내가 너를 아노라』(김양재, QTM)
- **생활 숙제** 깨어 있는 삶을 살기 위해 할 수 있는 적용 세 가지를 정해 한 주간 실천해 봅시다.
- **성구 암송** 마태복음 25:13, 마태복음 24:14

성구 암송

01 성경 - 내 안에 뚫고 들어온 말씀

히 4:12 하나님의 말씀은 살아 있고 활력이 있어 좌우에 날선 어떤 검보다도 예리하여 혼과 영과 및 관절과 골수를 찔러 쪼개기까지 하며 또 마음의 생각과 뜻을 판단하나니

계 5:5 장로 중의 한 사람이 내게 말하되 울지 말라 유대 지파의 사자 다윗의 뿌리가 이겼으니 그 두루마리와 그 일곱 인을 떼시리라 하더라

02 삼위일체 하나님 - 나를 도우시는 창조 사역

요 1:1-2 태초에 말씀이 계시니라 이 말씀이 하나님과 함께 계셨으니 이 말씀은 곧 하나님이시니라 그가 태초에 하나님과 함께 계셨고

창 1:1-2 태초에 하나님이 천지를 창조하시니라 땅이 혼돈하고 공허하며 흑암이 깊음 위에 있고 하나님의 영은 수면 위에 운행하시니라

03 인간의 타락과 그 결과 - 100% 죄인인 인간

창 3:16 또 여자에게 이르시되 내가 네게 임신하는 고통을 크게 더하리니 네가 수고하고 자식을 낳을 것이며 너는 남편을 원하고 남편은 너를 다스릴 것이니라 하시고

롬 3:10 기록된 바 의인은 없나니 하나도 없으며

04 나를 살리는 회개 - 죄 고백

시 51:10-11 하나님이여 내 속에 정한 마음을 창조하시고 내 안에 2)정직한 영을 새롭게 하소서 나를 주 앞에서 쫓아내지 마시며 주의 성령을 내게서 거두지 마소서

삼하 12:16 다윗이 그 아이를 위하여 하나님께 간구하되 다윗이 금식하고 안에 들어가서 밤새도록 땅에 엎드렸으니

05 율법과 은혜 - 율법이 죄인가

롬 7:24 오호라 나는 곤고한 사람이로다 이 사망의 몸에서 누가 나를 건져내랴

롬 7:9 전에 율법을 깨닫지 못했을 때에는 내가 살았더니 계명이 이르매 죄는 살아나고 나는 죽었도다

06 보혜사 성령 - 결국은 승리합니다

롬 8:26 이와 같이 성령도 우리의 연약함을 도우시나니 우리는 마땅히 기도할 바를 알지 못하나 오직 성령이 말할 수 없는 탄식으로 우리를 위하여 친히 간구하시느니라

롬 8:38-39 내가 확신하노니 사망이나 생명이나 천사들이나 권세자들이나 현재 일이나 장래 일이나 능력이나 높음이나 깊음이나 다른 어떤 피조물이라도 우리를 우리 주 그리스도 예수 안에 있는 하나님의 사랑에서 끊을 수 없으리라

07 제자도 - 팔복을 누리는 삶

창 1:22 하나님이 그들에게 복을 주시며 이르시되 생육하고 번성하여 여러 바닷물에 충만하라 새도 땅에 번성하라 하시니라

마 5:3,10 심령이 가난한 자는 복이 있나니 천국이 그들의 것임이요 …… 의를 위하여 박해를 받은 자는 복이 있나니 천국이 그들의 것이라

08 영혼 구원 - 구원의 사명

계 22:2b 좌우에 생명나무가 있어 열두 가지 열매를 맺되 달마다 그 열매를 맺고 그 나무 잎사귀들은 만국을 치료하기 위하여 있더라

롬 9:3 나의 형제 곧 골육의 친척을 위하여 내 자신이 저주를 받아 그리스도에게서 끊어질지라도 원하는 바로라

09 교회론 - 사명 공동체

삼상 22:2 환난당한 모든 자와 빚진 모든 자와 마음이 원통한 자가 다 그에게로 모였고 그는 그들의 우두머리가 되었는데 그와 함께 한 자가 사백 명 가량이었더라

롬 15:1 믿음이 강한 우리는 마땅히 믿음이 약한 자의 약점을 담당하고 자기를 기쁘게 하지 아니할 것이라

10 종말론 - 그런즉 깨어 있으라

마 25:13 그런즉 깨어 있으라 너희는 그 날과 그 때를 알지 못하느니라

마 24:14 이 천국 복음이 모든 민족에게 증언되기 위하여 온 세상에 전파되리니 그제야 끝이 오리라

MEMO

MEMO

MEMO

MEMO

THINK 예비목자양육 I

초판 발행일 | 2016년 4월 11일
개정증보 5쇄 | 2022년 2월 10일

발행인 | 김양재
편집인 | 김태훈
기획 | 이승민
편집자문 | 정정환 정지훈 박지선
편집장 | 정지현
편집 | 김수연 진민지
디자인 | 디브로㈜

발행처 | 큐티엠
주소 | 경기도 성남시 분당구 판교공원로2길 22, 4층 큐티엠 (우)13477
편집 문의 | 070-4635-5318 **구입 문의** | 031-707-8781
팩스 | 031-8016-3193
홈페이지 | www.qtm.or.kr **이메일** | books@qtm.or.kr
인쇄 | ㈜신우디앤피
총판 | ㈔사랑플러스 02-3489-4300

ISBN 979-11-89927-01-1 04230
       979-11-89927-00-4 (세트)

Copyright 2016. QTM. All rights reserved.

이 책은 저작권법에 따라 보호받는 저작물이므로 무단 전재와 복제를 금합니다. 이 책에 실린 글과 그림, 사진의 모든 저작권은 큐티엠에 있으므로 큐티엠의 사전 서면 동의 없이 복제 내지 전송 등 어떤 형태로도 사용할 수 없습니다.

잘못된 책은 구입하신 곳에서 바꿔드리며, 책값은 뒤표지에 있습니다.

큐티엠(QTM, Quiet Time Movement)은 '날마다 큐티'하는 말씀묵상 운동을 통해
영혼을 구원하고, 가정을 중수하고, 교회를 새롭게 하는 일에 헌신합니다.

이 도서의 국립중앙도서관 출판예정도서목록(CIP)은 서지정보유통지원시스템 홈페이지(http://seoji.nl.go.kr)와 국가자료종합목록시스템
(http://www.nl.go.kr/kolisnet)에서 이용하실 수 있습니다. (CIP제어번호 : CIP2019004653)